生活勵志
066

當下，把心放下

（全新增訂版）

LIVE IN
THE REAL
MOMENTS

暢銷心靈作家／何權峰 著

高寶書版集團

改版序

何權峰

「活在當下！」這句話可能是很多人經常朗朗上口的話，但是「活在當下」的意思是什麼？「為何」以及「如何」活在當下，這問題可能很少人真正想過。

為什麼要活在當下？那是因為對我們來說，只有一個時間就是當下，你不可能回到過去，或是活在未來，對嗎？只有當下這一刻才是真實的。

許多人常把時間花在過去已發生的事，想著過去不愉快，或是老在為未來計畫，為未來擔憂。想想這會有什麼結果？他們就錯過當下。

還有些人很可憐，他們一輩子為了生活裡的繁忙而埋頭苦幹，他們甚至常常不知道自己正在度過人生最甜、最美的一段。然後不知不覺中，當生命走到了盡頭才醒悟，自己已浪費了一生的時間，他從來沒有真正的活著。

那麼，該怎樣活在當下呢？

簡單的說，就是要活在此時此刻。你到一個地方，首先你要問的是：「我為什麼會在這裡？」然後，接下來你要問一個更根本的問題是：「我在不在這裡？」我指的不是「你的身體」，而是「你的心」，是不是在你所在的地方？

試想，有對戀人坐在美麗的河岸，吹著微風、看著夕陽，良辰美景令人如癡如醉，但他們心裡想的卻是：「有份報告還沒寫好、回去路上會不會塞車、晚餐要吃什麼……」這時發生了什麼事？一下就把眼前的美好時光給毀掉了！

這就錯失了當下。當你全然在這裡，你就不可能想著其他的事。可想的，都是已經發生過的事，或是尚未發生的事。你怎麼能夠「想」現在？現在你已經在這裡，要怎麼想？

喜悅不是想出來的，而是當下的感受。譬如你看到美麗的山水、花朵盛開、聽見鳥鳴，徐徐微風，深深被迷住的那個當下，你就只是純粹在欣賞，沒任何思考，你會感受到幸福美好。

然而，當你開始去想生活的問題時；你沉浸於自己的念頭裡，想著這些煩惱以及如何解決時——那麼突然間，你看不見山光水色、聽嗅不到鳥語花香、感覺不到微風輕拂，所有這些感知都消失，喜悅也跟著消失。

那就是為什麼要當下，把心放下。試想，你和家人出去旅遊，如果你心不在焉，那麼你人在哪裡？如果你身在心不在，誰能夠替你聯絡感情？如果你心不在這裡，如何感受喜悅？

本書重新改版，期能幫助大家重拾當下的喜悅。

目錄 Contents

Part 4
享受生活每一件小事

目錄 / Contents

PART 1

專注當下，把握每一個剎那

你人在哪裡？

唯有活在當下，你的問題才能放下。

幾天前有一個公司主管，因焦慮的問題跑來找我，她覺得非常困擾：「工作時，我心裡總是掛念著家裡的事；在家時，我又懸念著還沒完成的工作……這該怎麼辦？」

另有一個學生也是同樣的問題，眼看就要考試了，但他卻心神不寧，他問我：「我非常焦慮，而我的難題就是：我認識一個女孩子，當我跟那個女孩子在一起，我就想到我的考試，當我讀書的時候，我又想到我的女朋友，我該怎麼辦？」

這種情形其實到處都可以見到。當你上課的時候，你就想著下課後的事；到了下課的時候，你又想著上課的事；當你上班的時候，你就想著下班後要做什麼事；到了下班之後，你又想著上班的事……人們似乎從來都不在自己所在的地方。

你有沒有注意過自己，當你跟別人見面、聊天的時候，你的心都在那個人身上嗎？還是在想別的事？當你到外面度假，你的人坐在車上，坐在飛機上，坐在你度假的地方，但你的人真的在那裡嗎？你上班、上課時，你的人真的在那裡嗎？還是跑到別的地方去了？

你會分心，那是因為你並沒有全然地處於你所在的地方，你是分裂的，你的人和你的心走向不同的方向，所以才會心神不寧，才會焦慮不安。

當你在家裡的時候，你只能夠在家裡，你不能夠到課堂上，也無法回到辦公室；當你約會看電影的時候，你不能夠同時讀書，也不能夠準備考試，這是很簡單的道理，但你卻一直想著你不能夠的事，你的問題就是這麼來的，明白嗎？

你一直都不在當下。**當你全然地處在當下，你會得到全然地放鬆，你會很喜樂；你覺得焦慮不安，那一定是你沒有全然地處在你所在的地方。**

要解決這難題唯一的辦法，就是當下放下。是的，唯有把心放下，你的問題才能放下。

坐這裡，想那裡

為什麼你的心總是不在你在的地方？

有一個企業家，因壓力過大快承受不住，所以有人建議他應該出去走走，「出國旅遊會讓你減輕壓力。」

因此他開始出國旅遊。

「但，為什麼我壓力卻有增無減呢？」他不解地問。

「因為你並沒有放下，」我說：「你人雖離開了，心卻沒有離開，你還扛著整個辦公室，壓力當然有增無減。」

本來事業對他已是一個負擔，現在加上出國旅遊變成第二個負擔，他的壓力當然有增無減。

曾看過一則廣告，提醒大家旅行行囊別忘了帶護照、機票、換洗衣物、相機，甚至筆記本，但最重要的是，請一定要「忘了帶」過去的心情、想法和習慣。**要空空地出走，滿滿地、新新地回來。**

想一想，當你出國旅遊，飛機已飛到九霄雲外，在離地三萬英里處飛行，而你，人雖在天空，但心卻仍在地面；人已經不在辦公室，但你的心卻抓著工作，扛著一堆待辦的公事。這樣的旅行是不是太沉重了？

人們出去旅遊、度假，去參加某個活動、聚會，當他們在家裡，在辦公室的時候，他們一想到那裡就感到興奮，為了要去那裡，他們已經計畫了好長一段時間。而當他們真的到了那裡，又開始想著家裡，想著辦公室，想一些有的沒有的，他們人雖然在那裡，但心卻飛到五百里外。

你想過嗎？之前你還花了那麼長的時間，想著到那裡要怎麼放輕鬆，要怎麼享受的，而當你到那裡，或甚至到達之前，你還在路上，心就已經開始往回走了。你開始想家，想孩子、父母、工作，想這個，想那個……這哪叫享受？哪算是旅遊？怪不得許多人在休假或度假之後，非但沒有放鬆心情，有的人甚至覺得更累。

我只看見箭靶

我們到處尋找，卻沒有找到，因為我們一直忘了把自己帶去。

要如何成為全然？你問。

完全地投入，什麼都不想，就只是在那裡，在那個當下，就是全然。

當你造訪一朵花，不要急著離開，你要真正地貼近它，忘掉全世界所有其他的花。在那個片刻，其他的花都不存在，只有你和那朵花在一起。當你深深地處在那個當下時，你就是那朵花，那朵花也變成了你。當你全然地融入，你的人、你的心都在那裡，你們變成了一體，這就是全然。

當你聽人說話，不要急著詮釋，你要真正地傾聽，在那個片刻你是不存在的，沒有任何思考進入，你的人是敞開的，你的心是完全接受的，像大海般地接受，這就是全然。

全然地凝視，全然地傾聽，全然地感受……看著日落，看得非常深，以致於你消失在那個看當中；聽鳥叫聲，完全忘了自己，以致於你變成了那隻鳥；沐浴在微風中，用全身去感覺，讓你的每一個細胞、每一根纖維都隨著脈動，都隨著它們輕柔地舞動起來，這就是全然。

全然就是忘了自己，忘了舞者，完全忘了「你」在跳舞，讓自己成為那支舞；忘了旅者，完全忘了「你」在旅行，讓自己成為那個風景；**忘了一切，完全忘了有關「你」的一切，讓自己完全地融入當下，融入當下你正在做的事、你正在相處的人，以及你所在的地方。**

我聽說有一位著名的射箭師父，許多人都拜他為師。有一天他把箭靶掛在樹上，然後問每一位徒弟：「你們看到什麼？」

有人說：「我看到了樹木、樹枝和樹上的小鳥。」有人說：「我看到了樹木、天空和上升的太陽。」師父繼續問。

然後他問了他的大徒弟同樣的問題：「你看到了什麼？」

大徒弟說：「我什麼都沒看到，我只看見箭靶。」

師父說：「只有你能夠成為偉大的弓箭師。」這就是全然。

我們看，但並沒有真正「看見」；

我們聽，但並沒有真正「聽到」；

我們吃，但並沒有真正「嘗到」；

我們活，但並沒有真正「活過」；

我們去了很多地方，但都只是「經過」，卻沒有真正「到過」；

我們只看到樹木、樹枝和樹上的小鳥……卻錯過了箭靶。

我們到處去尋找美、尋找快樂、尋找幸福，卻沒有找到，因為我們一直都忘了把自己帶去。

讓頭腦安靜下來

全然臨於當下。所有不快樂或苦惱，都難以在當下活存。

有位讀者來信問道：我常會想東想西，顧慮很多，最近因想太多產生煩惱，開始覺得鬱悶，不快樂，做事情根本就提不起勁，如何讓自己不要想太多？

這類問題在身心科門診非常普遍。很多憂鬱、精神官能症的病人，他們沒辦法安心，常常為了先生、小孩而煩憂，或對過去的事無法忘懷，搞得心煩意亂、夜不成眠。

也曾有好些人問：當心情不好，或是身體狀況不好想太多時，老被勸「不要想太多」，可是心情不但好不起來，還會越聽越火，為什麼？有什麼辦法改善嗎？

人之所以會有憂愁、煩惱，或是想太多，通常都不是來自現在，而是來自過去和未來。你能夠思考現在嗎？試試看，那是不可能的。如果你想東想西，那就表示你要不是想到過去，就是想著未來的事。

想讓頭腦安靜下來，很簡單，只要把心放在當下。因為昨天的問題已經事過境遷，明天的問題尚未到來，這都是不需要操心的。你現在坐在這裡有任何煩憂嗎？沒有。如果有，就表示你沒有活在當下。

因此，當有人心煩意亂、想東想西。我不會說：「不要想太多。」那沒有幫助。我會說：「活在當下。」

有人無法忘懷過去的傷痛，內心無法平靜。我不會建議：「努力去遺忘。」那只是徒勞無功。我會說：「活在當下。」

引用心靈導師艾克哈特．托勒的話：「當你痛苦時，當你感到不快樂時，請全然臨於當下。所有不快樂或苦惱，都難以在當下活存。」

你總是做不應該的事

你該休息的時候，沒休息到，該玩樂的時候，沒玩到，該認真的時候又不認真。

你做了決定要去做某件事，然而當你真正做了，你可能又後悔，「我應該去做另一件事」，所以你就去做那件事，但當你開始去做時，你可能又懊惱，「也許我不該做這個，我應該做先前那件事才對」。

心裡有一個聲音總是不放過你，不管你做什麼，它都會有意見，都會指責你，你似乎都在做那個「不應該」的事。

如果你什麼事都不做，它會說：「你太懶了，這樣怎麼可以，你應該努力一點才對。」因此你開始努力，但當你很投入做得正起勁，它又說：「你太急了，這樣遲早會把身體搞垮，你應該放鬆一點才對。」如果你真的鬆懈下來，它又會說：「你在做什麼？你又在偷懶了！」

你該休息的時候，沒休息到；該玩樂的時候，沒玩到；該認真的時候又不認真，你總是做那個「不應該」的事。

當你單獨一個人的時候，你覺得很孤單，所以你想找個人，但是當你跟他在一起的時候，你覺得還是自己一個人比較好，於是你又渴望單獨一個人；但等到單獨之後，很快你又開始想著那個人。

這就是你的問題，**單獨時不懂得享受單獨的幸福，當有人相伴時又不懂得享受兩人在一起的幸福，你的幸福就是這麼錯失的。**

當你單身時，你渴望能找個伴；但一旦你結婚之後，你又開始渴望單身的生活；當你在紛擾的城市時，你渴望鄉野的寧靜，但一旦你置身鄉野，你的心又不安於寂靜，你開始懷念起城市裡的一切。

你可以看出其中的愚蠢嗎？你做這件事的時候，就一直想著那件事，但等到你真的做那件事時，你又開始想著這件事……你在這裡就一直想著那裡，但等到你真的到了那裡，你又開始想著這裡；然後你回到這裡，你又開始想那裡，想著那裡美好的總總，你開始懷念，期待下次能再去那裡，於是再次地，你坐在這裡，又不斷想著那裡……就這樣，你一再地錯失當下。

一次只做一件事

要兼顧全局的唯一辦法，便是專注於眼前的事就好。

在繁忙的工商社會，每天都有許多事情待處理，每個人都有難纏的同事或上司要應付，還有一堆充滿各種無奈和無力的問題要面對。尤其是職業婦女，除了工作，還得照顧嗷嗷待哺的小孩，還要花費心思經營夫妻、婆媳間的感情。同時兼顧不同角色和職責，經常分身乏術，無法周全。

連二十世紀最傑出的女士之一，以色列女總理梅厄（Golda Meir）都自承：「工作時，妳心繫家中子女；在家時，妳又懸念還沒完成的工作。這種掙扎是無法控制的，說來讓人心碎。」

該怎麼辦？

答案是：只要全神貫注做好手邊的事就好。

耶穌教導生活藝術時，拜訪了馬利亞與馬大這對姊妹，馬利亞有而馬大卻沒有的東西就是專注。所以，馬大為許多俗事忙碌，分神，結果就被雜亂的思緒及焦慮所煩擾。

耶穌告訴馬大，她心裡有許多事情想做，但只有一件事是必要的：那就是專注於眼前的任務上。（出自路加福音十章三十八至四十二節）

想像你參加比賽，必須將兩隻相當重的小豬抱到一百公尺遠的地方，如果你先抱起一隻，接著又抱起另一隻，那就永遠沒完了，因為老是有一隻會從你的臂彎裡溜走。

沒錯，不管你有多少事要做，你一次也只能做一件事。

美國第一位女性國務卿歐布萊特（Moadelene Jana Korbel Albright）在她的暢銷自傳中，提供了一份應做事項清單做為例子，上面寫著：一、電赫姆斯參議員；二、電胡笙國王；三、電幕沙外長；四、電眾議院議員們；五、準備中國會議資料；六、買脫脂優格。你可以發現，歐布萊特女士一次也只能做一件事，雖然如此，最後她仍把所有事做好。

她不會把致電赫姆斯參議員的心情，帶到胡笙國王的電話上；

而開完有關中國的會議後，肯定也不會把同樣的心情，帶到她購買脫脂優格的超市裡，那就是為什麼她在多年身兼母親、妻子、大學教授、外交官的各種角色，都能有出色表現。

其實，不論你從事哪一行，不管你要應付多少事情，要兼顧全局的唯一辦法，便是專注於眼前的事就好。**把每一件事當作獨一無二，就好像是你一天中會做的唯一一件事**。別把心思放在結果，只管全神貫注做好手邊的事即可，如此一來，結果自會完美呈現。

西方諺語說道：「同時追趕兩隻兔子，將一無所獲。（If you run after two hares you will catch neither.）」

每一個唯一的剎那

當下即是永恆，它從不重來，即使重來，也不再是那個當下。

物質世界的一切，比方汽車、衣服、家具、項鍊、電腦、電視……所有的東西都可以輕易被複製。但是，你可以複製時間嗎？你能複製經驗嗎？在你每一個當下，你就只有一個機會，要不然就去經驗它，要不然就會錯過它而無法經驗到，你無法再回到那個當下，當然也無法複製。

每一個當下都是獨一無二的，它不是過去的延續，也不是一個接著一個線性的未來。時間，由無數個「當下」串在一起，每一瞬間、每一個當下都是永恆，「現在」的品嘗不是「曾經」所能取代。

所以當你吃的時候，要全然地吃，不管你在吃什麼；當你玩的時候，要全然地玩，不管你在玩什麼；當你愛的時候，要全然地去愛，不計較過去，不算計未來，全然地投入。

當你上班、上課，你就應該全然地投入那裡；當你回到家，當你脫下你上班、上課的衣服，脫下你的鞋子，你應該把那些壓力負擔一起脫下。在家裡，跟你的伴侶在一起，跟你的父母在一起，跟你的孩子在一起，跟你的朋友在一起，用太多的頭腦是不需要的，你應該用心，用心地活在當下。

如果你稱當下這個片刻為「現在」。那麼，當你稱它為「現在」的那個片刻，它就已經消失而進入過去，它已經不是現在，而那個你稱之為「未來」的片刻，當你稱它為「未來」時，它就已經變成現在，更朝向「變成過去」移動。

「人生啊！當下都是真，緣去即成幻。」因為「當下都是真」，所以眼前的每一刻，都要認真地活；每一件事，都要認真地做；每一個人，都要認真地對待。因為「緣去即成幻」，所以當事過境遷，就讓過去成為過去吧！

別讓自己徒留「為時已晚」的空遺恨。逝者不可追，來者猶未卜，最珍貴、最需要珍惜的即是當下——每一個唯一的剎那。

PART 2

放下期待，也放過自己

他就是那副德行

即使你只踏進一條河一次，它也不是相同的河——因為河總是在流動。

你是否給過自己一個機會，不做任何評論，或是不帶任何成見去看一個人或一件事？就只是接受他現在的樣子，以中立的角度來看事情。

我想這是很難的。我們幾乎很少能用「當下」的眼光來看一個人或一件事，因為只要一件新的事件發生，舊記憶馬上參與意見，我們所有的反應都免不了融入個人「過去的」經驗色彩。

因為對於評論來說，過去是必要的。我們不可能不憑藉過去的經驗就能評斷什麼是對或錯、美或醜、好或壞……

當你說，這個人是好人。你怎麼知道他是好人？因為你看過很多人，聽過很多人說，在上課時老師講過，在電視、在書裡面曾看過，小時候父母也曾提過，於是你依憑著過去的了解和經驗來作判斷。

就像小孩看電視，總是急著分清楚誰是好人，誰是壞人，我們也常急著判斷是非善惡，問別人：「他這個人怎麼樣？」而一旦當你把某人貼上標籤以後，你就無法真正地看到他，你只是把你的概念投射上去。

想想看，你是否曾有過某個朋友，在你們初次見面時你並不喜歡？當時，你是否做了一個極快的判斷，認為他這個人怎麼樣怎麼樣？而今呢？如果你們現在已經成為好友，甚至成了伴侶，再回頭看看自己當時的想法，是不是覺得可笑？

人經常在變，心情好時是一個樣子，心情不好又是另一個樣子；得意時是一個樣，失意時又另一個樣，即使在一天當中也可能變好幾個樣，可能由哭臉變笑臉，也可能由神采飛揚變一副倒楣樣。所以我們不該說：「他就是那副德行。」而要說：「上次見面時他是那個樣子。」因為現在的他可能完全不同，不是嗎？

常聽到一些家庭或夫妻失和的人說：「他不說我也知道。」、

「我早就知道他會……」、「我對他早就看透」……你已然事先有了結論，你只不過是尋找更多的證據來支持你的結論。像這樣，你們又如何能了解彼此呢？你們都早有成見，要如何溝通呢？

希拉克里特斯如是說：「即使你只踏進一條河一次，它也不是相同的河——因為河總是在流動。」

是的，「涉足而入，已非前水」。**當你每一次進入河流，正如每一次評論某人時，河水早已不是原本的河水，那個人也許不一樣了，他早已不是原本的他。**

當你說：「我認識他。」你所認識的是昨天以前的他，而不是今天真正的他。你所認識的只是過去對他的印象而已。

當下放下吧！放下評論，放下你對這個人所有的「認識」，這樣你才可能看到真正的他。沒有人知道另一個人的靈魂中發生過或正在發生什麼事，你是否應該給別人或給自己一個機會，重新認識彼此呢？

我們根本無法溝通！

傾聽意味你必須在當下，在此時此地，你必須忘掉你自己。

人們之間的許多衝突，多半是因誤解所造成，常見的情況是：你說了一些話，但是對方卻把它解釋成另一個意思；或是對方說了一些事，而你卻把它想成另一回事。

你的腦袋一直在裡面喋喋不休，你在聽人講話，他甚至都還沒開始講話，你的頭腦就已經開始在對話了，頭腦不斷地在發出噪音，不斷地編織多餘的念頭來干擾你，這要怎麼傾聽？你的念頭一直在移動，在這裡，卻想著那裡；想東想西，想一千零一件其他的事……

當你在聽他說話，你的腦子其實是在想別的事，就算沒想別的事，你的腦子也是不斷地吱吱喳喳，你會用你的經驗、判斷、觀念、信仰以及對他的成見來聽話，你習慣把別人的話都加以解釋，又自認為自己已經「了解」，這就是為什麼你們會有那麼多的誤解。

你一定聽過這樣的抱怨：「他根本沒在聽我說話！」、「她根本就不了解我！」、「我們根本無法溝通！」**這是真的，我們幾乎很少去聽對方究竟在說什麼。**

注意聽兩個人在談論任何事情，他們其實都在各吹各的調，他們根本就沒有傾聽。只要聽一個太太和一個先生在講話，即使談的是瑣碎小事，也很容易看出這種競爭。他們根本不是在聽話，而是在放話。夫妻間彼此都在較勁，一個像吃了仙人掌似的，話中都帶刺；另一個又急著插話。當有人閉上嘴巴時，並不是為了傾聽，而是在準備下一次的反擊。怪不得人們在溝通之後，往往溝越挖越深。

你可曾注意到這種情形？當別人正對著你說話，你是如此地忙碌，忙著準備接下來你要說什麼，忙著評論他說的對或錯，或是忙著想別的事……直到你開口講話，你會從別人的談話裡抓幾句話，依附在你想說的話上面，然後再繼續講。像這樣，能談出什麼？

光說不聽、聽了卻不了解，就好像把一截電線截成兩段，然後插入插頭，還指望它會發亮一樣。這可能嗎？

你必須學會傾聽，**傾聽意味你必須在當下，在此時此地，你必須忘掉你自己，唯有如此，你才能夠傾聽。**你必須不帶任何的思想，內在不發出任何的噪音，全然地投入，深深地吸取那些話語，彷彿這是你們最後一次談話，彷彿全世界只剩下你們兩人，在那個當中，在那個當下，才有可能真正地了解。

別再去比較了

山外青山樓外樓，比來比去何日休？

跟朋友到北海岸兜風，夕陽西下，海面上泛起亮麗金光，「真是美極了！」朋友的妻子說：「從沒看過這麼美的日落。」

朋友瞄了一眼，繼續開著車子，不以為然地回道：「這有什麼，妳沒有看過關山的日落，要比這美多了。」話一出口整個夕陽頓時暗淡下來。

那邊的景色更美，只要這麼一比，突然這裡的美就顯得微不足道，這就是比較。**當你去比較，你就喪失了美感，也無法欣賞當下。**

你說：「這個地方很美，不過還有一個地方比這裡更美。」你就不可能欣賞眼前的美麗，當你拿這裡跟你以前看過的地方相比，你的人其實已經不在「這裡」了，不是嗎？

當你說：「他的房子比我的大、比我的美。」你對自己的房子就無法欣賞和滿足，只要去比較，去跟更好、更多、更美、更大的比，你就注定很難快樂起來。

如果你買了一棟房子，你覺得這棟房子物美價廉，你非常滿意。但卻發現才幾天前，你的朋友買到另一棟更大更便宜的房子，於是你開始比較，從地段、房子外觀、大小、價錢。他無疑比你買到更好，更有價值的房子，因而你所有的喜悅突然都消失。

你住在同一棟房子裡，而你之前是那麼地滿意，但現在你怎麼會變得悵然若失，為什麼？是房子的關係嗎？不，因為你仍然是住在同一棟房子啊！那是為什麼？沒錯，是因為你去比較，是比較讓你錯失了原本的快樂。

如果你不去比較，你是那麼地高興，你是那麼地享受，根本就沒有問題。別人的房子比較大，那又怎麼樣！就讓他大吧！他買的價錢比較便宜，那又怎麼樣！算他好運！但是，**如果你是因為別人比你幸運而覺得不幸，那你將永遠都不可能快樂**，因為這世上永遠都會有人遇到比你更好的事。

有道是：「山外青山樓外樓，比來比去何日休？」

別人家的草總是比較綠，但那是因為人家施了比較多的肥料，這有什麼好吃味的呢？至少你家沒有熏人的肥料味。

今天起，請別再去比較了，好嗎？當你拿自己跟別人，拿這裡跟那裡，或是拿現在跟過去比較，你就無法欣賞到當下所擁有的。

唯有當下是真實的，唯有此時此地才是真的，那些累積在你記憶裡的日落、美景都不是真實的，那些你所夢想的房子、車子、孩子、妻子、銀子……也是虛幻的，只有「當下」在你眼前的才是真的。

把自己全然地融入你眼前，這個人、這件事，這個地方。去享受、去欣賞、去參與，這就對了！有什麼好比的。

想變成什麼

我們很少想到自己所有的，卻常常看到自己沒有的。

人們老是帶著要達成這個，要完成那個，要成為這個，要變成那個的欲望在過生活，因而他們總是焦慮緊張，匆忙且無法安於當下。

因為那個你想「達成」的期待，**你想成為的理想總是在未來，它們並不在現在，因此你無法活在此時此刻**；因為你跟你的理想和期待還有一段距離，因此你無法放鬆，無法休息，你總是焦慮緊張，總是匆忙地追趕。

你一生不斷在追求，你沒有錢，就想要有錢，有了錢就想得到更多的錢；如果你是員工，你就想當老闆；如果你是老師，你就想當校長；如果你是職員，你就想當經理；如果你是經理，你就想當總經理……。你想在業績上、成績上或存款簿的數字上向上爬，你的焦慮緊張就是這麼來的，你總是不滿現狀，總是「想變成什麼」。

緊張意味著你並不是你現在的樣子。「你現在的樣子」和「你想成為的樣子」之間的距離越大，你的緊張就越大，也就越容易焦慮；距離越小，就越放鬆，越放鬆也就越自在。如果你跟你所想的沒有距離，你將安然自在，無牽無掛；如果你沒有渴望達成或成為你現在所不是的，那你又怎麼會緊張焦慮呢？

我們很少想到自己所有的，卻常常看到自己沒有的，那個沒有的就成了理想。你的理想就是這樣被創造出來的，因為有理想，所以你必須不斷追趕；因為有理想，所以你對現在總是不滿；因為有理想，所以你把現在過得很不理想，你一直無法放鬆下來，你在睡夢中翻來翻去，即使在假日，都無法好好休息。

為什麼要創造那些理想？為什麼你無法滿足現在擁有的一切？其實你已經擁有不少了，但你的心卻不在已擁有的東西上，你一直在找尋那些沒有的。結果，你越去想自己欠缺的，就越發沮喪，而越沮喪就越會去想欠缺的——於是你變得不滿，總覺得不足，這是沒有盡頭的。

理想和期待都來自欲望。一個無欲的人，是不會有任何緊張焦慮的。欲望意味著你想達成或成為另一種東西；無欲是接受，接受一切，接受你的工作、職位、名次、外表、收入；接受你的遭遇，接受你現在的樣子。一旦接受，那個緊張也跟著放下；那個未來已經不存在，你也才能安於當下。

別去想，只要看

心靈故鄉就像蒼翠的青山一樣，始終是不動的，動的是那起心動念的白雲。

「當情緒紛亂時，要如何平息內在的騷動？」你問。

河流在流動，你就坐在岸邊，看著那些東西在流動，什麼事都不要做。你只要坐在那裡看，泥土會沉到底下，枯葉會順流而下，如果你能看著內心的騷動，它本身就會漸漸安定下來。

大自然一直有它自己的秩序，所有混亂只能是暫時的狀態。如果你什麼事都不做，每一樣東西都會自己安定下來。你只是觀看，看它從那裡來，往那裡去，看著它停留，看著它離去，然後心情就會跟著靜下來。

心情沒有辦法一直混亂，它能夠嗎？如果你什麼都不做，再來會怎樣？心情就會轉變，它無法一直不變，每樣東西都在變。快樂來了又去，不快樂也是來了又去，你難道沒注意到這個現象？憤怒產生了，它將會平息，心情不好，慢慢就會消失。

坐禪的道理就在這裡，你只是坐著，什麼事都不做。心就會慢慢安定下來。**每天為自己挪出一些時間，讓自己什麼都不要做，你只要觀照每一片刻內閃過的各種念頭就好。**

剛開始時可以從小小的念頭著手練習。找個地方靜靜地坐著，閉上眼睛，任何念頭出現你都加以觀看，念頭總是不斷地出現又不斷地過去。

例如，你聽見路上有人猛按喇叭，你馬上興起一連串的思緒，你突然記起有次你在馬路上，也曾被後車猛按喇叭的情景，你覺得很討厭。然後你想到討厭這個念頭，你忘了喇叭聲，你突然想起最近發生一件很討厭的事，因為那件事你又想起了某個人……思緒就這樣持續地進行下去。

有些人開始靜坐，常覺得自己的思想很亂，這是正常的。那不是思想比以前亂，而是因為你比以前安靜，因為你內在靜下來，這才發覺自己的思想是多麼亂。沒關係，別去想它，只要看，純粹地看，沒有任何思考地看。

靜默地觀察，看著自己心智上的垃圾、廢物漂過心頭，就好像靜坐在河岸，看著枯木樹葉在河面上漂浮，順流而下。你頭腦裡面的東西就是那個混亂的源頭，只要忽視它，只要對它不再有興趣，它就靜下來。

「青山原不動，白雲任來去」，心靈故鄉就像蒼翠的青山一樣，始終是不動的，動的只是那起心動念的白雲。別去想，只要看，看那雲朵來來去去也無法騷動沉靜的山巒。

誰綁住了你？

並沒有任何枷鎖把你綑綁住，是你自己緊抓著枷鎖不放，
這才是問題所在。

不管是工作、生活、情感……許多人都曾一度嘗試往另一個方向走。一方面想跳脫，另一方面又害怕，結果把自己弄得既矛盾又掙扎，折騰了一大圈卻還在原點。

他們寧可忍受痛苦，也不願去做會害怕的事；寧可屈就自己不

滿意的工作，也不願面對新的挑戰；寧可妥協於不如意的生活，也不願開創新的可能；寧可忍受不幸的婚姻，也不願離開悲慘的命運。

明知道「原地踏步」是走不出僵局、是沒有轉機的，但他們仍選擇維持現狀，之所以會這樣，是因為他們害怕一旦改變之後，生活就會瓦解，結果就在這種死胡同裡繞來繞去。已知的一切或許並不愉快，但起碼是熟悉的，起碼已經習慣了，然而未知的呢？誰知道啊！說不定會更糟，算了吧！還是保持原狀好了。

在《易經》裡，有這麼一句話：「所有人類的苦難，都產生於對前一種存在狀態的依戀。」

人們是那麼地害怕一無所有，害怕兩手空空。能抓住些什麼，總比什麼都沒有好，即使是抓住痛苦，抓住垃圾都好，因而總不願意放手，卻沒想到一無所有才是真正的自由。

當你一無所得，也就一無所失；當你兩手空空，那麼你想抓住什麼都任你選擇。

有人問禪師：「我要如何讓自己解脫出來？」

禪師說：「誰綁住了你？」

那人說：「沒有……」

禪師說：「既然沒有人綁住你，又何來的解脫呢？」

你本來就是自由的，事實上，你是完全自由的，並沒有任何枷鎖把你綑綁住，是你自己緊抓著枷鎖不放，這才是問題所在。你並非無路可走，而是你害怕走出去，懂嗎？

放下束縛，放棄熟悉的牢籠，走出去，然後整個天空就是你的。

現在就放了自己

時間是不需要的，唯有當你不願放下，過去的痛苦才需要時間去稀釋。

相信許多人都聽過「時間可以治癒一切傷口」這句話。

時間果真可以幫我們沖淡一切？

不，事實上時間並沒有改變什麼，它並不能改變任何既成的事實和結果，你之所以釋懷，那是因為你改變了——也許是時間讓你變得不同，也可能是你的想法和觀點變了，總之，原因都在你。

時間並不是主要的關鍵，重要的是你。你之所以需要時間才能把事情淡忘，那是因為每當問題發生時，你總是太投入、太入戲，你是那麼地激動、憤恨、痛苦，整個人好像著魔似的，根本沒有空餘的時間讓自己冷卻下來，所以時間是需要的。

但是，如果你能當下就釋懷，如果你能在事件發生不久就看開，就想通，就把它放下呢？那時間就不需要了，不是嗎？所以我說關鍵就在你。

有位滿懷怨恨的婦人向大師訴說著過去總總的不平，「我會如此難過是因為那個人實在太過份了……」婦人激動地說。

「嗯！妳的境遇的確悲慘，」大師說：「但是會讓妳如此難過的還是妳自己呀！」

「怎麼說呢？」

「妳的痛苦難道不是妳自己的想法造成的嗎？」大師接著說：「想一想，那個人和那些事都已經『過去』，妳現在的痛苦又從何而來？真正的原因是妳自己緊抓著過去不放，不是嗎？」

許多人因被傷害而懷恨在心，想藉著心中的怨恨把對方排除至腦外，但是滿腔的恨意，只會使你更想到他。對方也許只傷害過你一次，你卻在心中一而再、再而三，反覆地想著，好像已被傷害過千百次似的。

想想看，他都已經傷害你了，難道你還要對他「念念不忘」嗎？

要放下痛苦，並不是能不能的問題，而是在於你願不願意。問題不在時間，而在於了解。

也許有些人會不以為然：「先生，你不了解的，如果在我身上的事也發生在你身上，你就會明白。但你就是不了解。」

是的，或許你的遭遇真的很悲慘，你的不幸都不是外人可以想像的，但問題是你會氣憤，怨恨，會痛心疾首，會痛不欲生，真正的原因還是在你啊！如果沒有你的支持，沒有你給它們能量，這些痛苦又怎麼會存在？

時間是不需要的，唯有當你不願放下，過去的痛苦才需要時間去稀釋。如果你活在當下，那麼你馬上就可以拋開你的痛苦。

沒錯，**你是唯一能決定自己要受苦多久的人。**

既然如此，既然決定在你，為什麼你總要讓自己苦個幾天，幾個月或幾年才肯「放下」呢？

為什麼不當下就放下？

是因為期待

真正帶給你痛苦的並不是那個人，是你對那個人的期待。

為什麼他常讓你挫折、失望？為什麼越親密的人總是傷你越深？為什麼感情到後來會由愛生恨？

一連串為什麼，原因其實都是因為期待。當你越親密，你對他的期待就越大，而當你期待越大，你的挫折和失望也就越大，整個情況就是這樣，一個人會由愛生恨，多半也是期待，如果你對那個人沒有任何期待，你又怎麼可能恨他？

你不會對一個陌生人感到挫折失望，因為你無法對陌生人期待任何東西，不是嗎？這也就是為什麼情人們剛開始交往時，一切是那麼地美好，一切都沒有問題，因為彼此還是陌生的，彼此都還沒有期待。

然而，當你們進一步交往，問題就來了，因為你已經認定他是你朋友，是你的愛人，然後你就會開始期待，你的挫折失望於焉產生，**因為沒有人一生下來是為了滿足別人的期待，每一個人生下來都是為了滿足自己**，而不是你，但你卻期待他來滿足你，而他也期待你去滿足他，於是你們之間的不滿會越來越多，你們的衝突、對抗、憤恨和痛苦就是這麼來的。

你最愛的是你的妻子、丈夫、孩子，但你最氣的人又是誰，也是他們，對嗎？你想過嗎？為什麼你會對你所愛的人生氣？那些你愛得越深的人，你就氣得越深；愛得越多的人，你就怨得越多，為什麼？是不是你沒有從那個人身上得到預期的東西？

你那麼愛他，處處為他著想，而他竟然不順你的心，不合你的意，竟然這樣對你，這就是你氣憤的原因，不是嗎？

這世界原本充滿著愛，先生愛太太、太太也愛先生、父母愛子女、子女也愛父母，愛一直都在，每個人都關心著所愛的人，但奇怪的是，為什麼被愛的人卻沒有因此過得更好、更幸福？為什麼家庭與婚姻的不幸反而越來越多？

問題到底錯在哪裡？難道不該有愛嗎？不，當然不是。**愛並沒**

有錯，錯的是你的愛是帶有目的，你的關愛包含了太多的期待，這即是問題所在。

今天離婚率之所以不斷高漲，即是有太多的人對婚姻有過多的期待。愛意味著很大的期待。當你愛上一個人，你就開始創造出期望，幾乎每一對伴侶都那麼做，每一對情侶也這麼做，他們一直試著去改變對方，試著讓對方達到他所期待的夢，然而夢畢竟是夢，夢遲早會破碎的。

你怎麼能把你的期待放在別人身上呢？你怎麼能怪別人讓你失望？怎麼能氣別人或恨別人辜負了你？別人只是表露出他們本來的樣子。沒錯，那就是他，他就是這樣。為什麼不去接受事實的真相？為什麼被你所愛就必須為你所要的東西負責？

關係永遠不會讓人絕望，它們只不過沒給予你所期望的東西，這是因為你帶著錯誤的期待進入關係。一旦你放下期待，你不再去創造那些夢，你的心就會平靜下來，你將發現，原來你就是自己期望下最大的受害者。

明白了嗎？**真正帶給你痛苦的並不是那個人，是你對那個人的期待**，是那個期望帶給你痛苦，這就是你一再挫折、失望的原因。

為什麼放不下？

欲望不是痛苦的根源，執著才是。

人為什麼會痛苦？放不下金錢、名位、感情，放不下孩子、先生、太太……。這種對關係的執著，對肉體和外物的執著，即是整個痛苦的根源。

為什麼會放不下？執著在一個「我」，**有我就會有執著，有執著就帶來痛苦。**

你說，這是「我的」先生、「我的」太太、「我的」孩子、「我的」房子、「我的」車子……。當你說這是「我的」車子時，你對它就放不下了。當你的車子被碰到、被刮傷、被弄髒，你就會不高興對不對？當你說這是「我的」孩子時，你就執著於他。你的快樂、悲傷、喜樂、痛苦都受他左右，不是嗎？

我們所有的痛苦都環繞著我、我、我……「我的孩子、我的工作、我的先生、我要這，我討厭那……」這就是我執，也就是你放不下的原因。

印度大乘佛教寂天菩薩（Shantideva）認為我們所執著的「我」即是惡魔，他說：

「世間一切暴力、恐懼和痛苦都來自我執。這個惡魔對你有什麼好處？如果你不放下『我』，你的痛苦將永無止期。正如你不放下手中的火，必然阻止不了火燒到你的手。」

記住，當你執著的時候，執著本身就是一個難題，問題不在你執著什麼。不管是錢財、名位、感情、欲望這些原本都沒有什麼不好，不是錢財讓你貪婪，不是名位讓你墮落，不是感情讓你瘋狂，不是欲望讓你痛苦，真正的原因是執著。

是的，是執著，是你執著於要得到多少錢、要獲得哪個職位；是你執著於那個人、那個東西，才讓你痛苦。

明白了嗎？你之所以會為某人或某事受苦，那是因為你太執著了，所以放不下。

所以你說，我放不下工作、我放不下孩子、我放不下感情⋯⋯。

你是真的放不下他們嗎？不，你放不下的其實是自己，放不下的是你對「他們」的執著。

若能無我，當下就放下。

欲求才是真正的噪音

一旦你能把欲望放下來，你的心也會跟著放下來。

唯有當你的腦海中沒有欲望，你才能夠活在當下，否則帶著欲望的頭腦會像鐘擺一樣，盪來盪去，你的心思要不是跑到過去的記憶，就是盪到未來的夢境裡，它從來都不在此時此地。

你有沒有試過安靜地坐著，讓自己什麼都不想，只是安靜地坐在那裡？這時候，你會聽到很多雜音，對嗎？你會想東想西，你會想以前發生的事，想以後要做的事，你會胡思亂想，對嗎？

有時候，連你都無法相信自己居然會有那麼多的念頭。那些過去的事，一、二十年前發生的事情都會突然湧現出來；還有各種關於未來的念頭，可能你現在才剛找到一份工作，可是你已經在想，退休後要到那裡度假旅遊，要過怎麼樣瀟灑浪漫的生活……你想到巴黎，從巴黎想到喝咖啡，從喝咖啡想到退休以後你想開咖啡館，就這樣，你從一個念頭盪到另一個念頭，從一個欲望盪到另一個欲望……

因為欲望，所以你無法靜下來，即使是坐在椅子上，你還是動來動去，你會不斷地變換姿勢，抓抓這裡，摸摸那裡，如果你有很多欲望，你甚至不自主地會抖起腳，你內在的不安會引起整個身體的抖動；甚至當你睡著時，你都靜不下來，你會翻來覆去，你會作很多的夢，你有多少未完成的欲望，就會有多少的夢。

夢是來自欲望。當你清醒的時候，你稱它為夢想；而當你沉睡時，就稱它之為作夢。其實，不管是夢想或作夢，全都是你的欲望。你為什麼會有那麼多念頭？為什麼會有那麼多想法？為什麼會有那麼多的夢？對，是欲望。

所以，如果你還有任何欲望，你是無法安靜地坐著，那個欲求將會不斷地打擾你，就算你找到最安靜的地方也沒用。問題不在環境，而在心境，欲求才是真正的噪音，明白嗎？

許多學習靜坐的人，企圖想排除雜念，結果往往適得其反，因為問題不在思想，而是在欲望。思想就像一盞燈火，而欲望則是燈油，唯有當有燈油的時候，那燈才會繼續燃燒，一旦燈油沒有了，那個火也跟著熄滅。同樣的道理，唯有當欲望消失，你的雜念也才會跟著消失。

雜念只跟過去和未來有關，你的雜念如果不是惦記著過去，就是想著未來，它永遠都不在當下這一刻。你要如何思考當下這一刻呢？你可以思考過去，想著過去已發生的事；你也可以思考未來，想一些未來要發生的事，但你不可能思考現在，那是不可能的，因為你就在現在，你要想什麼？當你想的時候，你就不在現在了，你的心也不可能靜下來。

有一位印度聖哲阿曼那達就提了一個問題給人們思考：「兩個念頭之間的你在哪裡？」

人們長久以來都沒有活在當下，想進入靜心當然不容易，你將會一再地生出雜念，沒關係，那就先從呼吸開始，**儘量將你呼吸的速度放慢，漸漸地，你會發覺隨著呼吸速度的放慢，你的步調，你的思緒也跟著慢下來，你將感覺有種輕鬆平靜的舒適注滿全身。**

很好，接下來你必須慢慢地，放下你的貪婪、占據和欲求的心。別貪心，因為貪婪會將你牽引到未來；別占據，因為占據使你執著於過去。一旦你能把欲望放下來，你的心也會跟著放下來。

PART 3

學習鬆手，靜心慢行

放下練習

沒有人能給我們痛苦，只有自己給自己痛苦。

我常有負面想法，怎樣才能把它除去？當負面情緒生起，要如何放下？

「當你的手碰到火時，需要別人叫你把手拿開嗎？」每當有人問我類似問題，我總會這麼反問。只要有燙灼之感，手便會自行移開。同樣地，**當你認清某個想法讓你痛苦，自然就會放下**。

在《零阻力的黃金人生》一書中有個「氣球練習」，我覺得很適合做為「放下練習」。方法如下：

去買氣球，現在請把手上的氣球吹起來。吹大一點，但不要吹破了，然後用手捏住吹氣口。好了嗎？

然後，請回答以下幾個問題：

- 請摸摸這個氣球，現在這個氣球漲漲的，繃得緊緊的，是因為裡面充滿了什麼？
- 這個氣球裡的空氣是誰吹進去的？
- 如果我們能做個決定把手鬆開，然後真的把手鬆開，接著會發生什麼事？
- 這個氣球裡面的空氣很想做的一件事叫做？

・氣球裡的空氣之所以沒辦法做到想做的事是因為？

回答完以上問題後，把手鬆開，看看會發生什麼事。然後回答以下問題：

・要讓氣球裡的空氣出來，除了放手之外，你還能做什麼嗎？

現在，請閉上眼睛，試著想一件你最近在擔心、煩惱或痛苦的事。盡可能在心裡「看見」那件事，然後觀察自己胸口這一帶（情緒中心）有什麼感受。是不是悶悶的、緊緊、卡卡的感覺，甚至覺得呼吸有點不順？

再來做個類比：把你手上的氣球當作是你的感受，然後回答以下幾個問題：

- 這股稱為感受的能量之所以壓抑在這裡卡得很不舒服，是誰造成的？
- 積壓在你情緒中心的能量很想做一件事叫做？
- 這些能量之所以沒辦法做它想做的事是因為？
- 如果我們能決定放手，然後真的放手，接著會發生什麼事？
- 回答完這幾個問題後，把手鬆開，想像隨著氣球裡的空氣釋放出來的「咻——」一聲，壓抑在你內在的感受能量也隨著消散掉。
- 然後，再想那件令你擔心、煩惱或害怕的事，並觀察自己胸口一帶的感受。相較於練習之前，是否減輕？

要如何放下負面情緒和想法？

想想，你如何鬆開手中燒燙的石頭？如何放開緊繃漲滿的氣球？

你只要不再緊抓著就好。

佛陀說：「沒有人能給我們痛苦，只有自己給自己痛苦。」人之所以痛苦，在於堅持錯誤的想法，在於追求錯誤的東西，在於緊抓著錯誤不放。

痛苦，就是提醒你該放下了。

為什麼怕死？

錯過，就是你的人在那裡，心卻不在那裡。

我為什麼那麼怕死？朋友問。

當你說害怕死亡時，其實你真正害怕的是，你還未真正活過，你錯過了生命，所以你才會怕死。

錯過生命？

是的，如果你真正活過，你將了無遺憾的走。這是很簡單的道理：如果你能好好地吃，你將感到豐足；如果你能好好地喝，你將不再口渴；如果你能好好地活，你就不會害怕死亡。

錯過，就是你的人在那裡，心卻不在那裡。比方，你把工作上的問題帶回家，因而無法好好享受家庭生活；然後又把家裡的問題帶到工作上，無法全然投入工作，你的喜樂就是這樣錯過，你的生命就是這麼錯過的。

早上你趕著上班上課，人坐在車上或走在路上，心裡卻盤算著待會要做什麼；你急著下班下課，狼吞虎嚥地用完餐，只為了接下來還要做什麼；然後你又匆匆忙忙上床睡覺，只為了明天別來不及做什麼。你不斷地趕、趕、趕，害怕錯失掉什麼，但你一直沒有活在當下，因而你一再錯過。

你錯過了愉快的清晨，錯過了窗外的美景，錯過了美味的佳餚，也錯過了溫馨的夜晚。當然，更錯過了人生的樂趣。你每天都很賣力地去過，卻從未真正去過好每一天。

你曾想過你的生命嗎？這幾年來你是怎麼過日子的？每天朝九晚五、日出夜歸，就是為了賺更多的錢，得到更高的職位，汲汲營營世俗眼中的成功，追求外在誘人的物質享受，然後呢？然後你還是空虛，還是不快樂，不開心。

很多人在臨死前，常會對自己一生感到莫大的追悔，覺得白活了，如果能重新開始，他一定過「完全不一樣」的生活。然而現在一切都太遲了，死神正在敲門，時間所剩無幾，他才赫然驚覺自己錯過了，才覺得自己從沒有好好活過。

這是多麼悲哀啊！多數人死的時候都不是走得心甘情願，他們並不想死，因為他們錯過了，錯過了體驗、錯過了欣賞、錯過了歡樂、錯過了所有……生命怎麼就這樣結束，當然不甘心，當然會怕得……要死。

不要去管明天

如果你能照顧好現在，那你就等於是照顧了未來。

你有沒有注意到？當你決定要開始某件事時，你會說：「從明天開始。」這幾乎已成了一種習慣，凡事要等到明天。

當然，所謂明天才開始，永遠也不會有這一天。因為明天將會再度以今天到來，然後你將會再說：「我明天再開始。」一直等明天，這樣你就能無限期地延後，對嗎？

人們總是把不想做的事拖到明天。然而，明天就會比今天更好嗎？如果你今天是這樣，那麼明天也就是這樣，你認為明天就會比今天聰明嗎？你認為明天就會比今天更積極嗎？你認為明天將會比今天更年輕嗎？

不，明天你將會變得更老，你的勇氣將會更少，整個情形都將會變得更糟。明天你將會想更多的理由，找更多的藉口，然後，你的意志就會開始動搖，你就會再次地延緩，就會再次地說：「我明天開始、或後天開始，或從下星期一才開始。」就這樣，上星期變成了這星期，明天變成了今天，但你的明天從未到來，你也一直從未開始。

你想改變，你希望明天能變得不同。但是你記得你的昨天嗎？

你的昨天也是一樣，你在等待今天，因為你的現在就是那個時候的明天。當明天到來的時候，它又成了今天，一千個、一萬個明天也是今天，它們都會以今天，以現在到來。今天它已經來臨，但什麼事也沒發生，你還是老樣子，之後的明天也會以同樣的方式來臨。如果你今天很糟，那你的明天又怎麼可能變得多好？

所以你能為明天所做的最好準備，就是把今天做好；**如果你希望明天會更好，那你應該做的就是把今天先過好**。

「不要去管明天」，這就是我想傳達的。但是，我的意思並非要大家放棄未來。相反的，我想強調的是，我們必須把握現在，才能創造未來；我想提醒的是，你不必想太多未來的事，未來是由現在所產生出來的。如果你能照顧好現在，那你就等於是照顧了未來，不是嗎？

未來會在你當下的生命中誕生，如果你能喜樂地活在當下，未來的你就會更喜樂；如果你今天是那麼地喜樂，那你的明天將會更喜樂，因為明天是從今天而來。

來臨的總是今天，你有什麼該去做、想去做，又還沒去做的事嗎？去，現在就快去做吧！

如果你真的想做，為什麼要延緩到明天？

這不過是一個想法

只要你不緊抓著念頭不放，它自然消失。

雲從遠處看非常壯觀，感覺簡直可以坐到上面，可是當我們真的進入到它裡面，幾乎什麼都沒有。搞了半天，完全沒有任何的實質。同樣的現象，我們如果深入去看一個念頭、一個情緒，追溯它的起源，一樣找不到具體的東西。這就是佛家說的「空性」。

念頭本身是空的，它的內部什麼原料都沒有。它存在是因為你的認同。如果你不去認同，它會在那裡一陣子，只要幾分鐘，接著就散掉；情緒也是一樣，不管是憤怒、悲傷、懊悔……是你的認同給予它能量。如果你不再關注，它無法久留，很快就消失。

許多人試圖改善負面情緒和念頭，效果總是有限，原因就出在他們太認同了，那些情緒和念頭原本並無實體，然而如果你去認同，就等於給予了它生命，這將更難處理。所以，重點不在改善或處理，而在了解。

就好像你覺得有人跟蹤你，所以加快腳步，可是你跑得越快，影子就跟得越緊。你跑得多快都沒有差別，反正影子都會跟著你。所以跑快不是擺脫影子的方法，你必須深入地去看影子，當你停下腳步去好好將它端詳一番，你就會發現，影子只是一個假象，影子實際上是空的。

一旦了解它們之後，一旦看穿念頭只是念頭，念頭便不能傷害我們。**一旦看穿情緒只是情緒，我們就不會被它們束縛，就不會產生惡性循環**。

現在，當我發現腦子裡有負面的思緒時。我不會再去理會這些想法。我知道「這不過是一個想法罷了！」只要我不去注意，它們就會消散。坦白說，我有時還是會有負面思緒出現，不同的是，現在我知道那些不過是念頭而已。我不必因它們出現，便加以反應。

就像看電視一樣，當你轉換頻道，所有的畫面就只是掠過你的眼前。你可以決定是否要留在這個頻道，如果你不喜歡這個劇情，你不需要生氣，只要轉台就好。任何思緒被遺忘或拋開時，就表示它已經不存在你心中了。如果某事不存在你心中，它便不存在你的現實中，而你也不會受它影響。除非你再次去想它。

一般人平均每天約有五萬個念頭浮現又消失，這實在很驚人。每個念頭都是從一個極微小的念頭開始，這念頭逐漸擴大、膨脹，從一棵樹苗變成一棵大樹，然而無論你的感受有多強烈，多痛苦，只要你不認同，思緒開始如枯葉般凋落，當你不提供養分時，它就無法存在。

你見過靠自己而活的思緒嗎？不，它的存在是因為你的支持，任何負面的念頭和情緒若沒有你的支持也無法存在，你的合作是關鍵所在。所謂「船過水無痕，鳥飛不留影。」**念頭在哪裡消失，解脫就在哪裡**。只要你不緊抓著念頭不放，它自然消失。

過一天算一天

一次只咀嚼生命的一小片段，因為這樣才不會噎到。

你是不是經常擔心一些還沒有到來的事？是不是經常掛念著明天或昨天還沒完成的工作或功課？你也是這樣嗎？常常會去想隔天或幾天後，甚至隔幾個星期、幾個月以後的事？

如果你是這樣的話，我想你日子一定過得很累，對嗎？因為你所有的擔憂根本無濟於事，就像一部在爛泥裡面空轉的車輪，只能在那個地方空轉，浪費了油卻什麼地方也到不了。

回想一下你曾擔心過的事，比方擔心考試會不會通過，擔心生病什麼時候會好，擔心天氣會不會下雨，擔心沒錢繳貸款……最後的結果曾因你的擔心而有改變嗎？

這是不可能的。你怎麼可能藉由擔心緊張而帶來好成績？怎麼可能透過憂愁煩惱讓病情轉好？怎麼可能因為焦慮不安就能變出錢來繳貸款？怎麼可能天氣會因你的擔心而有所改變？

十斤的憂愁，也貼補不了半兩的債。擔心永遠是多餘的，難道不是嗎？

為什麼你寧可在那些沒辦法的事情上窮操心，而不願在有辦法的事情上花力氣？如果你把時間都花在有意義的事情上，你又怎麼會有時間去窮擔心呢？

說一則故事：

客廳中一座巨大的掛鐘滴答滴答地在響著。在一個夜裡，突然聽見一陣泣聲，於是客廳的家具們到處尋找聲音的來源，原來是秒針在飲泣。

秒針哭著說：「我真命苦，每當我跑一圈時，長針才走一步，我跑六十圈時短針才走五步。一天我需要跑一千四百四十圈，一星期有七天，一個月有三十天，一年有三百六十五天……，我如此瘦弱，卻需要分分秒秒地跑下去，我怎麼跑得動呢？我辦不到。」

旁邊的檯燈安慰它說：「不要去想還沒來的事，你只須按本分一步一步地往前走，你將會走得輕鬆愉快。」

名醫威廉．奧斯樂（William Osler）開了一個簡單卻有效的方子：「過一天算一天。」意思是說，我們活在今天，就只要做好今天的事就好了，無須擔憂明天或後天的事。

他說：「不要擔心將來的事，每天只要活在就寢的時間就夠了，因為不知抗拒煩惱的人總是英年早逝。」的確如此，每天擔憂煩惱就像把一條繩子拉來拉去，遲早也會拉斷。

你擔心什麼？生病嗎？去看醫生，讓他來擔這個心！

擔心成績差嗎？如果你把時間和精神都用來擔心，那只會讓你的成績更差；擔心工作落後嗎？沒錯，如果你還繼續擔心，那你的工作只會落後更多。

擔心會遇到麻煩——你現在已經遇上了；擔心自己會受苦——

你現在已經因擔心而受苦，不是嗎？

過一天算一天，分段過日子，當我們把日子分成一小段一小段，所有的事都會變得容易得多。如果你只活在每一個片刻，你就沒有時間後悔，沒有時間擔憂，而只專注在眼前。**聰明的人一次只咀嚼生命的一小片段，因為這樣才不會噎到。**

學學《飄》（Gone with the Wind）的女主角郝思嘉吧！對自己說，「現在我不要想這些，等明天再說，畢竟，明天又是新的一天。」

昨天已過，明天尚未到來，想那麼多幹嘛！

你怎麼還沒放下？

如果把每一階段的「是非得失」全都扛在肩上，今後的路要怎麼走？

每天早晨，和大多數人一樣，你背著過去的包袱，直到入眠方休；到了第二天早晨，你又再度背起昨天的包袱……就這樣，生命越往前走，你的包袱和負擔就越重，包袱越沉重，你就越不快樂，你的旅程就越早結束。

《重整行囊》一書作者理查・丁・賴德曾說過一則有趣的親身經歷。

有一年，理查和一群好友到東非賽倫蓋蒂平原一帶去探險。當時，正逢東非遭受嚴重的乾旱侵襲。在那趟旅途中，理查隨身帶了一個厚重的背包，裡面塞滿了餐具、衣服、指南針、觀星儀、挖掘工具、切割工具、護理藥品等各種瓶瓶罐罐。

有一天，當地擔任嚮導的一位土著在檢視完理查的背包之後，突然問了他一句話：「這些東西會讓你比較快樂嗎？」理查當場愣住了，這是他從未想過的問題。理查開始回頭問自己，結果發現到，有許多東西實在不值得為了背負它們，而累壞了自己。

理查決定將自己的背包重新整理，取出一些不必要的東西送給當地村民。接下來的行程，因為背包輕多了，旅途也變得更愉快。從此以後，他學會在人生各個階段，定期卸下包袱，隨時尋找減輕負擔的方法，讓自己活得更輕鬆、更自在。

你有沒有檢查過你的「背包」，你的背上扛了多少是不必要的包袱？比方，你過去的失敗，你曾經做錯的事，你是不是還扛在身上？以前發生那些不愉快的事，那些讓你忿恨的人，你是不是還沒放下呢？你準備還要扛多久？

那些東西不值得你為了背負它們，而累壞了自己？

你說，那件事對你打擊很大，那個人傷你很深……這些都是真的，是他傷害了你，是他欺騙了你，是他對不起你……但，這不都是很久以前的事嗎？為什麼你還要繼續扛著他的錯誤？為什麼要拿別人的錯誤來懲罰自己？

生命的過程就如同一次旅行，如果把每一階段的「是非得失」全都扛在肩上，今後的路要怎麼走？

是德川家康說的吧，「人生不過是一場帶著行李的旅行，我們只能不斷向前走，並且沿途拋棄沉重的包袱。」

人生，如果你希望旅程是快樂的，就盡快放下身上的包袱吧！**丟棄那些多餘的負擔，丟掉那些舊的恐懼、舊的束縛、舊的創傷，放掉任何「不值得」背負的東西。**即使事情是最近才發生的，即使是剛剛才發生的，我們也應該學習放下。

天使之所以能夠飛翔，是因為祂有輕盈的人生態度，我們也應該這樣，學會當下就放下。

我想起一則故事，或許你也聽過。在十九世紀末，明治大學的教授坦山有次與同修一起出門，半路上遇到一場大雨，四處一片泥濘，遠遠看見一位穿和服和木屐的女孩無法走過積水的地方，坦山當時毫不猶豫地跑過去，將女孩抱起踏過泥濘，並很快地放下。

事後與其同行的和尚便不與坦山說話，隔日，坦山忍不住問他：「你為何從昨天出去回來後，就不理我？」

「男女授受不親，更何況你是位出家的法師，怎可抱她呢？」

坦山回答說：「喔！原來你是為了這件事啊！當時我抱那位女孩過去後，就馬上放下了，你怎麼到現在還沒放呢？」

很多事為什麼你一直放不下？因為你一直沒有活在當下，這就是答案。

你什麼也帶不走

唯有那些死亡無法帶走的才是你真正擁有的。

有一個美國觀光客慕名前去拜訪一位老師父。多年來他已經聽聞過不少這位師父的事情，他非常期待能見到這位先知。終於有一天，他決定去見他。當他走進老師父的房間時，他覺得很驚訝，因為那裡面空無一物！怎麼會連一件家具都沒有？這美國人不可置信地問：「先生，請問你的家具在哪裡？」

沒想到這位老師父反問：「那你的家具又在哪裡？」

美國人笑說：「我是這裡的遊客，當然不會扛著我的家具到處亂跑。」

老師父也笑著答道：「我也只是這裡的遊客，不久我就會走，正如你也會走一樣。」

我們都只是過客而已，在這個世界上，沒有人能真正擁有一件家具、一棟房子或一片田地。有一首詩寫得好：

蒼田青山無限好，
前人耕耘後人收；
寄語後人且莫喜，
更有後人樂逍遙！

就在你住的地方，那塊土地曾經有過許多地主，而他們也像你一樣，以為那土地是他的，現在他早已不存在了，但土地卻仍在那裡。他們曾經在爭鬥，就為了一小塊土地在爭鬥，而今呢？爭鬥的人早已離世，但土地一手轉過一手，卻從沒有人能帶走任何東西。

南非開國元勳羅德斯（Cecil John Rhodes）臨死前，嘆口氣說：「我在非洲發現了無限財富：鑽石、黃金、礦源、土地，現在臨死卻一點也不能帶走。我的心靈空虛，我其實是一無所有。」

叱吒一世的亞歷山大大帝臨終時，他吩咐他的宰相說，「當我死後，你把我的身體帶到墓園時，讓我的手伸出靈柩外。」

首相問：「但這不合傳統！為什麼？為什麼你要這麼做？」

亞歷山大說：「我想讓人們看到，我空手而來，而我空手而走，我整個人生都浪費掉了，讓我的手伸出靈柩外，好讓每個人都能看見——就連亞歷山大大帝也是空手而走的。」

像他這樣生於帝國，又征服了另一個帝國，併吞東西兩個世界領土和財富的人，到死的時候，卻連一件東西都帶不走，有什麼好爭的呢？

猶太教法典說：「人握拳來到這世界，彷彿在說：『整個世界都是我的。』但人離去時卻是攤開手掌，彷彿是說：『看吧！我什麼也沒帶走。』」你來到世界的時候什麼都沒有，所以當你走的時候，你必須將所有得到的東西都留在這裡，你無法帶走任何東西。

別聲稱說那是你所有的。沒有什麼是你的，你的存款、你的聲望、你的權勢，你最喜歡、最愛的這個那個……你什麼也帶不走，所有的一切在你離開時，你都得放掉。

在放掉的當下你將領悟到，你費盡千辛萬苦，只是為了終將失去的東西，你所占有的一切，不過是場白日夢，到頭來都是一場空。

我們都是遊客，這裡並不是我們的家，在這裡你所看到的每一樣東西，所使用的每一件物品，都只是借你暫用的，等你回家時，這些東西都要留下來。

所以，別去占有，你應該盡情地去享受，享受你現有的一切，享受藍天、白雲、明月、星辰、花草、大地、微風、朝露，快樂的享受當下，享受這個世界存在的一切。

別去占有，你應該盡情地去分享，分享你現有的一切，分享你的財富，分享你的快樂，分享那些你死後帶不走的，要記住，**唯有那些死亡無法帶走的才是你真正擁有的**。

為什麼不快樂？

你現在不快樂，那你一定不在現在。

「你為何如此沮喪，究竟有什麼事讓你不快樂？」
「因為未來！」
「有什麼事使得你的未來看起來這麼沒有希望？」
「因為過去！」

每當你心情不好時，你便已脫離了當下，只要注意一下你心情惡劣的時候，你的心在那裡，你心要不是想著過去，就是跑到未來，否則你怎麼可能不快樂呢？

活在當下，沒有人會不快樂的。

你可以回想以前，然後陷入不快樂；你可以想著以後，然後陷入不快樂。可是在此時此刻，如果你在當下，你不可能是不快樂的。

你可以為過去懊悔，或是為未來憂心，但在當下這個片刻，你要懊悔憂愁那是不可能的。你可以為過去那些原不該做而做了、不該說而說的事而後悔，也可以為未來那些可能發生，也可能不會發生的事憂愁，但如果你活在當下，沒有過去、沒有未來，你怎麼可能不快樂呢？

昨天你跟同事吵了一架，早上到公司你仍忿忿不平，但那是昨天；你一想到那個人以前對你的所作所為，心裡就不舒服，但那是以前；然後，你開始想要是待會遇到他時，你該怎麼做？不理他？還是給他一點顏色？你繼續又想，若是他也還你顏色該怎麼辦？你要跟他拚嗎？還是……你甚至想到以後的事，等有一天，讓你當上主管時，你要怎麼修理他……總之，你從過去想到未來，卻沒有一件事跟「現在」有關；你會不快樂，那是一定的，因為你已經脫離了當下。你現在很不快樂，那你一定不在現在。

去瞧瞧你的心，看看你花多少時間在過去，在記憶中挖掘痛苦，你憤恨不平，你憂鬱沮喪，這不都是過去的事嗎？

因為過去，接著你開始想像你的未來，你開始擔心，你牽腸掛肚。你沒有發現嗎？你的怒氣、恨意，不都是為了過去的事，為了那些過眼雲煙而生的嗎？而你的焦慮、煩惱不也是為未來，一些尚未到來的事而苦惱的嗎？

你的不快樂要不是來自過去，就是來自未來，但絕不會在此時此刻。不信你可以試試看，對過去漠然以對，對未來漠不關心，然後再痛苦看看，那是不可能的。你無法痛苦，你辦不到的，不管你費多大的力量都不可能。

當你放下未來，過去也自然會變得無關緊要，我們攜帶著過去是為了未來，如果沒有未來，你所累積的記憶又有什麼意義呢？那是不需要的。過去是為了延伸未來，而未來則是過去的延伸，如果你無法放下過去，那未來只不過是你過去的沉腐再現，未來只是過去的重複而已，那也是沒意義。

所以，當下，把心放下吧！把昨天的一切煩惱拋開，不用擔心明天，明天自己會安排好它自己，因為你擁有今天。

向內看

當欲求停止，那個追求不在，時間也就不存在。

時間是人發明的，由太陽和手錶來界定。我們把三百六十五「天」定為一年，而這一「天」是怎麼來的？一天即是我們所居住的地球在自軸上整整轉一圈所需的「時間」。

雖然我們無法感覺到地球在動，但人們以太陽做為參考點，當地球位置面對太陽，轉離太陽，再重新面對太陽，就是整整一天，你的一天就是這麼來的。

人們把一「天」分二十四「小時」，把每小時分成六十分鐘，而每一分鐘又包含更小的六十個單位，稱之為秒，我們的手錶即是以此為設計。

如果你不看手錶，你就不知道時間。為了要繼續知道時間，你就必須戴上手錶，這樣你才能掌握時間。

掌握時間做什麼呢？掌握時間才會有效率，才能儘快到達你的目的地，才能早點達成你的目標和理想，這也就是人們為何匆忙的原因——因為要趕時間。

你在學校所學的：現在是時間的一部分，那是錯的，現在不是時間的一部分。

不，時間只有兩部分，那就是過去和未來，這也就是為什麼一個時間取向的人，很難活在當下，因為他們很重視時間，他們只能活在過去和未來。

那麼，現在在哪裡？現在其實就在這裡，它在你的裡面，當你向內看的時候，你就會找到現在，而如果你一直向外看，向外追求，那你永遠都無法活在當下。

除非你能放下欲望，一個沒有欲望的人也就沒有時間的問題。當欲求停止，那個追求不在，時間也就不存在。那就像被拿掉指針的手錶，滴答聲還在繼續地響，但時間已經消失；生命還在繼續地流動，但那個緊張焦慮因時間消失，自然也會跟著消失。

時間來自欲望，因為欲望需要時間，時間是由欲望所創造出來的。如果你沒有時間，你怎麼能欲求什麼？你無法達成什麼，對嗎？欲望不可能存在現在，如果你現在已經達成了，你又何必欲求？

欲求的地平線一直都在未來，所以你必須趕、趕、趕，如果你沒有欲求，那你又何必趕時間呢？

你注意到這些年來，你的日子為什麼越過越快嗎？因為你的腳步越走越快，你的欲求創造出未來，未來又是過去未滿足欲望的投射，因而你不斷地追趕，那個**過去的你追趕著未來的你，因而失去了現在的你，你的時間就是這樣變得越來越緊迫的**。

如果人類消失在地球上，時間一定會立刻消失；如果人們的欲望能消失，那些焦慮緊張也必定會消失，整個地球的步調立刻會慢下來，太陽會緩緩升起，夕陽會緩緩落下，山泉的水滴會滴答滴答響，但整個世界沒有了指針，沒有了時間，沒有了欲望，也就沒有了過去和未來，真實地存在現在，這就是永恆——永恆是超越時間的。

PART 4

享受生活每一件小事

小事也可以變偉大

當你將偉大的品質帶進每一件小事裡，你就是偉大的。

常聽人家說要「活在當下」。到底什麼叫做「當下」？當下（Real moment）指的就是：你現在正在做的事、待的地方和周圍跟你一起的人；「活在當下」就是要把注意的焦點集中在這些人、事、物上面。

你說：「這有什麼難的，我們不是一直都這樣嗎？」

不，我們哪是這樣。在禪宗公案中有這麼一段對話：有一個施主問一位禪師：「修行人平常是如何生活的？」禪師很平淡地答說：「也沒什麼，只不過吃飯睡覺而已。」

這位施主非常驚訝禪師竟然會這樣回答，所以就不以為然地反駁道：「一般俗人每天也是吃飯睡覺而已，那修行跟俗人有什麼差別？」

禪師莞爾一笑，搖搖頭說：「不然！修行人吃飯的時候就是吃飯；睡覺的時候就是睡覺。而一般人該吃飯的時候，不好好吃飯，心裡卻想東想西；該睡覺的時候，不好好睡覺，總是百般的煩惱。」

禪宗裡有很多公案，每有山僧問佛法大意，趙州和尚總是說「喫茶去」。大師一說即落言詮，佛法只在平日喝茶吃飯而已。

行為本身並不是問題所在，你帶給那個行為的品質才是問題所在。如果你帶著靜心的品質吃東西，吃也可以是一種修行；如果你帶著靜心的品質走路，走路也可以是一種修行；如果你能專注地活在當下，你的生命將呈現最高的品質，你即是在修行。

不要認為這些都只是小事，人或許有偉大的人和渺小的人，但事情本身並沒有什麼偉大或渺小。一個真正偉大的人就是把他的偉大帶到每一件他所做的小事裡的人。

印度聖雄甘地說過，不管我們必須從事的工作有多不重要，只要能夠像處理重大事情那樣重視這些小事，我們必定大有斬獲。

我們的生命就是由這些小事所組成，如果你能將偉大的品質帶進每一件小事裡，你就是偉大的；如果你能高高興興地享受當下，能夠在這些你所謂的小事上感受到喜樂，那你的人生必然是喜樂的。

快樂就在當下，學習活在當下，小事也可以變偉大；懂得活在當下，那不管你身在何處，做任何事，你都將是快快樂樂。

生命中最重要的事

你現在正在做的事，就是你生命中最重要的事。

托斯卡尼尼是舉世聞名的指揮家。人生的閱歷豐富，他到過很多地方，指揮過無數的樂團，也見過無數的達官顯要。

當他八十歲時，他兒子有一天好奇地問他：「在您一生中，一定有過很多重大的事，您覺得您做過最重要的事是什麼？」

托斯卡尼尼回答說：「我現在正在做的事，就是我一生中最重大的事，不管是在指揮一個交響樂團，或是在剝一顆橘子。」

他說得對，如果你無法快樂地剝橘子，只想盡快地剝來吃的話，你還是無法快樂地吃橘子。當你一邊吃著橘子，你還是會一邊想著下一刻要做什麼，對橘子的味道無法細細地品嘗，也失去吃的樂趣。如果你不能專注在此刻，那你任何時刻都不可能專注，你將永遠被下一件事拖著走。

我有一個室友，有時他才剛開始刷牙，一會兒又離開浴室去挑上班要穿的衣服，而嘴裡還滿是泡沫，接著，他又忙著整理桌上的資料，還一邊說今天有哪些事要辦。無庸說，他的日子總是過得匆忙無趣。

在學校教書，我發現有幾個學生上課都不看我，因為他們一直忙著抄筆記。他們很努力、很認真地寫，但我從不認為他們是「好學生」，因為他們對考試的興趣遠超過對學習的樂趣；他們或許能從筆記中得到考試時所需要的知識，但知識並不是知道，要知道就必須專注當下，否則片片段段抄下來，知道的也只是片片段段，他們無法全然地了解。當他們把我的話寫下來，我已經又講了其他的東西，他們將一再錯過。

你必須全心全意地融入，盡你所能的投入，彷彿此時此地世上唯有此人、唯有此事……然後才會有真正的了解產生，這才是真知。這必須變成你的人生態度，變成你的生活方式，無論你是在上課、吃飯、聊天、跳舞、畫畫……

有人問梵谷：「你的畫裡面那一張最好？」

他說：「就是我現正在畫的這一張。」

幾天之後，那個人再問。梵谷說：「我已經告訴過你，就是我現在正在畫的這一張！」

雖然他正在畫的是另一張，但對他而言，對一個活在當下的人來說，毫無疑問「我現在正在畫的這一張就是最好的。」

是的，**你現在正在做的事，就是你生命中最重要的事……**即使是在剝一顆橘子。

把每一次當第一次

在第一次見到他之後，你就再也沒有看見他。

有位弟子好奇地問靈修大師：「為什麼您每天早上散步時，都會停下來很仔細看花園中的花？」

靈修大師說：「如果我仔細看，就會看到一朵朵玫瑰綻放著。」

「但為什麼您非要那麼仔細地看，才能看見呢？」弟子不解。

「以免我所看到的，不是玫瑰花，而只是腦子裡存在的印象而已。」靈修大師回答。

打從第一次看見玫瑰花之後，我們就再也沒有看見玫瑰花了。真的，仔細地覺察起來，我們確實在第一次看到玫瑰花之後，就再也沒有看見玫瑰花；在第一次聽過鳥叫之後，就再也沒有聽到鳥叫；在第一次見到某人之後，就再也沒有看見那個人……我們所經驗、所看到的，就像靈修大師所說，只是腦子裡存在的印象而已。

你認為你每天看到你的先生、老婆、孩子、朋友、同事、同學……你是真的看見他們嗎？不，其實在第一次見到他之後，你就再也沒有看見他們了。

當你認識一個人，他做了某件事，你覺得很好或不好；他說過某些話，你覺得高興或不高興，然後你就對他產生一種特定的印象，並把這個印象留在腦海裡。之後，當你再見到這個人時，你就會對他抱持著先前的看法，對過去的印象起反應，而看不到「現在的他」。

只要去注意一下自己或身旁的人，你就會發現我們都是這樣——依憑著過去的印象對某人、某事下結論。**因為他對你有特定的印象，你對他也是如此，所以你們自然無法看見真正的對方，這即是人與人之間難以溝通的原因，也是人們疏離、猜忌和紛爭的原因。**因為打從第一次見面之後，你們就再也沒有看見對方。

在每一本書出版以前，出版社都會交由不同的人，分別做三次以上的校對，為什麼？因為每個人在讀過第一次之後，再看到的很可能都只是腦子裡存在的印象。

當你讀一本書，當你讀過一次，那本書就結束了，讀第二次、讀第三次或更多次，充其量也只是更強化先前存在的印象而已。

有些宗教的經典必須一再地誦讀，讀一千次，讀一萬次，信徒們幾乎把一生都用來讀同一本書。那些內容他們已經都知道了，為什麼他們還要一再地讀？因為問題並不在書本的內容，一再地閱讀是為了將他們的意識融入書裡，他們已經不是在閱讀一本書，而是將自己蛻變成那本書。

你有喜歡的書嗎？試試看，每天就讀這本書。在讀的時候，不要將過去的印象帶進來，要再度新鮮地品嘗，就好像剛採下的水果，咬第一口的滋味；就好像太陽在早上剛剛升起，它再度是新鮮的……永遠都把每一次當作第一次，很好奇、很雀躍、很興奮，然後它將會一再顯露不同的境界。

快樂就是這麼簡單

就以你這樣，現在你就可以快樂起來。

快樂是無條件的，如果你的快樂需要任何理由或原因，那你注定是不快樂的。你說：「唯有賺到一千萬，我才快樂。」、「除非我通過考試，我才快樂。」那麼在你賺到一千萬，或是在你通過考試以前，你就不可能快樂，對嗎？

你為快樂定出了條件，這即是你一直不快樂的原因。因為在達到那些條件之前，你必須做許多準備，你需要一些時間，一年、兩年或更久，在這段時間裡，你要怎麼快樂？你現在一定是不快樂的，對嗎？因為那個快樂是在未來。

你總是看著遠方的星光，卻遺忘了眼前的燈火；總是憧憬著未來的美好，卻忽略了當下的幸福。

事實上，你現在就可以快樂，你有一份工作，有自己的房子，你現在就可以快樂，但你卻定一個條件說，你要升到某個職位，你要買一棟更大的房子，你才快樂；你擁有先生、妻子、孩子，你現在就可以快樂，但你卻有一個條件說，他們必須變成怎樣怎樣你才快樂，這就是你不快樂的原因。

為什麼要將那些條件帶進來？

有一個弟子看到師父每天快快樂樂，好奇地問：「您為什麼總是快樂，有什麼值得快樂的？」

師父聽了，反問他：「你不快樂嗎？你有什麼不值得快樂的呢？」

問得好，你有什麼不值得快樂的呢？

你見過小孩毫無理由地歡笑、雀躍、跳舞嗎？他們是那麼地快樂，因為他們一無所求。如果你問他：「你為什麼這麼快樂？」他會懷疑你是不是有問題：快樂需要理由嗎？

快樂不需要任何理由或原因，因為快樂並不依賴任何東西，它只是一種態度；快樂不需要更多的錢或更大的房子，需要的只是時間與心境。這個世界有太多住在大房子、財產成千上億，或擁有高學歷、高地位卻成天悶悶不樂的人，不是嗎？

所以，無論你賺了多少錢，又實現了多少夢想，除非你自己決定要快樂，否則是很難快樂起來的。

試著不必有任何理由而快樂，你將會感到驚訝！你可以根本沒有任何理由地快樂——只要你決定要快樂，就可以快樂起來，就是這麼簡單。

是的，就以你這樣，現在你就可以快樂起來。

你還有半小時啊！

為了趕時間，內心所承受的焦躁，可能從你生命中拿走更多的時間。

一對夫妻抱著孩子和度假的行李衝進火車站，一副很匆忙的樣子。

「請問一下，」丈夫滿頭大汗地抓住一位站務員問道：「五點半的火車走了沒有？」

「抱歉！先生，那列火車才剛剛出站。」站務員回答。

只見丈夫很懊惱地把行李往月台重重一摔，粗聲粗氣地對妻子說到：「要不是妳耽誤這麼久的話，我們早就趕上這班火車了。」

氣喘吁吁的妻子聽到這話，也不高興地回道：「沒錯，但如果不是你那麼拚命催促我的話，就可以悠哉悠哉的坐下班火車，而不用在這兒等那麼久啦！」

她是對的，原本可以輕鬆悠閒的事，為什麼非要搞得緊張兮兮？

這樣的情景你應該不陌生，例如夫妻倆難得一起出門逛街或跟朋友聚餐，這原本是件快樂事，太太說：「等一會我去打扮一下。」先生卻不停地催促：「快一點，等一會路上就塞車了，化個妝那麼慢！」就因為急躁，結果把原本的享受變成了負擔，把原本愉快的事弄得彼此都不愉快。

你是否也是這樣？你車子已經發動，即使要上車的人還沒準備好；你頻頻看錶，害怕時間會來不及；你心急如焚，你怕耽誤了整個計畫；你走上走下，催東催西；你是這樣地急躁，即使是輕鬆愉快的度假也可以搞得匆匆忙忙……就像那個先生一樣，自己急躁，又無法容忍別人動作慢；自己受苦難還還嫌不夠，又硬拉著別人一起跳火坑。

說來真的好笑，有些車子以飛快的速度連連超車，你以為他趕著去哪裡？就只是早點趕上下一個紅燈而已；有些人像〇〇七電影裡的詹姆士龐德一樣，在馬路上橫衝直撞，你以為他趕著去拆解核子彈頭，解救世界危機嗎？當然不是，他也許只是為了早點趕上下一班車，也許只是為了趕著去做放鬆身心的SPA……

為什麼你要那麼匆忙？你有沒有想過，**當你為了趕時間，內心所承受的焦躁，可能從你生命中拿走更多的時間**？有沒有想過，當你這樣匆忙的從一個地方趕到另一個地方，你根本無法享受其間的美好，更無暇欣賞周遭的美景，你整個生命其實都浪費了？

你甚至無法靜靜地坐下來幾分鐘，讓你的靈魂追上你……

幾天前，我讀到一個故事：有一個調皮的小男孩跑到寺廟玩，他的聲音吵到了一位正在靜坐的和尚。

和尚走過去，問那個小孩：「你那麼吵，有什麼事嗎？」

小孩說：「我想問，現在幾點了？」

和尚把手伸進長袍裡摸索著，好不容易終於拿出一個懷錶。

「現在正好是五點半。」和尚說。

「我知道了，」那小孩一臉作怪地說：「六點一到，你就會下地獄！」他說完後，馬上轉身就跑。

和尚聽完撩起長袍，死命地向那小孩追去，追著、追著，不料卻撞上師父。

「阿彌陀佛！」師父大喝一聲說：「你跑那麼快要去哪裡？」

「那個小男孩，」和尚氣喘吁吁地說：「我告訴他說現在時間是五點半，他卻對我說，我六點的時候會下地獄！」

「真的嗎？」師父瞄了一下寺裡的鐘，然後說：「可是你幹嘛那麼急？你還有半小時啊！」

你幹嘛那麼急？就算是趕著要去投胎，時間也還沒到，對嗎？就算是錯過了這班車，也還有下一班車，何必把自己弄得緊張兮兮？你不覺得，你一直為了那個虛無的未來而錯過了美好的當下？

靜下心來，慢慢走，好好想想這個問題吧！

啊，這蛋糕真是好吃！

我現在不拉，那你說，我要等什麼時候才拉呢？

有一則廣為流傳的禪宗故事，大意是：

一個和尚被一隻餓虎追趕，當他爬下一處峭壁時，衣服被樹枝勾住，他就這樣懸在那裡，底下則佈滿了蛇。這時，他發現周圍的矮樹叢中有一株草莓，於是和尚採下草莓，專心地聞著草莓的芳香，欣賞它的模樣並小口品嘗，欣喜地說：「喔，這草莓真是甜美！」

這故事讓我想起另一則老和尚的故事：

話說有一個禪門老和尚，在他壽終正寢的那一天，他躺在床上，告訴大家他晚上就會走了。所以他的弟子、友人紛紛來到他的住所看他。

其中一個大弟子，當他聽到老和尚即將圓寂的消息時，就跑到市場去。有人問他：「你師父就快過世了，你為什麼還跑到市場去？」

那個弟子說：「我知道師父喜歡吃一種特別的蛋糕，所以我特別去買。」他找了很久，因為那種蛋糕現在已經不流行了。不過就在入夜之前，還是讓他找到了。

大家都很擔心，而師父好像在等某個人，他會張開眼看看，然後又闔上眼，當這大弟子趕來的時候，他說：「好，你終於來了，蛋糕呢？」那弟子奉上蛋糕，他很開心師父想吃這個蛋糕。

垂死的師父手上拿著蛋糕……他先嘗了一口，然後開始津津有味地吃起來。這時有人忍不住問他：「師父，您很快就要離開我們了，您有沒有什麼話要交代的？有沒有什麼要我們特別記住的事？」

師父臉上泛起微笑，他說：「啊，這蛋糕真是好吃！」

這蛋糕真是好吃！這草莓真是甜美！這就是活在當下的人，即使死亡即將到來也無所謂，因為那是在下一刻，而他一直都活在此時此刻。

一個開悟的人明白，死亡是沒什麼好怕的，因為當我們還存在時，我們就還沒死，而當我們死亡之後，我們就已經不存在了，有什麼好擔心的呢？

不要想太多關於未來的事，它們會照顧它們自己，不要去顧慮那麼多，只要活在當下，讓自己好好的享受、欣賞、品嘗……那就對了！

我聽說有一位音樂家，因故被判了死刑。在執行死刑的前一天晚上，他在牢房裡居然拉起了小提琴。

獄卒也不知是基於同情，還是覺得難以理解，跑過來問說：「你明天就要死了，還拉琴做什麼呢？」

音樂家一臉迷惑：「我現在不拉，那你說，我要等什麼時候才拉呢？」

享受今天剛釣到的魚

過去是記憶，未來是想像，真正的、真實的快樂是現在。

人看起來好像是活在現在，但那不過是「看起來」而已，事實上，人只是「經過」現在，並沒有活在現在。現在只是讓你從過去擺盪到未來，從年輕擺盪到年老的一個出入口。如果你好好檢視自己，便會發現，你所關心的是過去與未來，而不是現在。

年輕時，你憧憬未來；年老了，又回顧過去。你聽過小孩在聊天嗎？每個小孩都喜歡說：「等我長大以後！」因為對一個年輕的生命來說，未來是廣大的一片，往後還有幾十年，還有無數的可能在等著他，所以他們總是想著未來。

而年紀大的人就不同，當人有點年紀，就會開始回顧過往，你注意到老人家的談話嗎？他們總是在回憶過去，說當年曾經做了什麼「豐功偉業」，他們會一再的回想過去那些事情，這也就是為什麼年輕人會覺得老年人很煩，因為他們老是在講同樣的故事，他們總是活在過去，而年輕人活在未來，他們想的是以後……

年輕人習慣說「等到……的時候，我就會很快樂。」到了年老就變成說「過去……的時候，我很快樂」，然而無論是未來你將怎麼樣，或者過去你曾經怎麼樣，結果都是一樣——你錯失了最真實的現在。

真正的快樂是現在式，它不關心你的過去，也不關心你的未來，它一直都在現在，跟你的過去與未來無關。

為什麼你會將快樂期待在未來？因為你現在並不覺得快樂，對嗎？因此你開始期待以後，三年後、十年後，你快樂的種籽還沒發芽，你就想著等到它長大的樣子，你開始想像它變成大樹，想像你在大樹下乘涼……

為什麼你會一再提到過去那些美好？因為你並不覺得現在是美好的，對嗎？因此你追憶起以前，三年前、十年前、三十年前，都已經是幾十年前的事了，你還一提再提，你的快樂都發霉了，這些快樂累積了多少灰塵，難道就沒有新鮮一點的嗎？

過去是記憶，未來是想像，真正的、真實的快樂是現在。

十七世紀法國科學家兼思想家巴斯葛（Blaise Pascal），他在《沉思者》一文中的一段話：

我們向來不曾把握現在；不是沉緬於過去，就是殷盼著未來；不是拚命設法抓住已經如風的往事，就是覺得時光的腳步太慢，拚命設法使未來早點到臨。我們實在太傻；竟然留連於並不屬於我們的時光，而忽視唯一真正屬於我們的此刻……

是的，過去曾經美好，可是那已經過去了，而未來則根本還未來臨；過去與未來並不存在，它們只是「曾經存在」或「可能存在」的狀態，唯一存在的是現在。為什麼不現在就快樂起來？

有句愛爾蘭的俗話說得好：「現在的一件好事，勝過以前的兩件好事，以及可能不會發生的三件好事。」昨天已經是一張作廢的支票，明天是一張不知道是否會兌現的支票，只有今天是現金，明白了嗎？這就是為什麼我們稱今天為禮物（Present）的原因。

一點都沒錯，享受今天剛釣到的一條魚，勝過昨天已經發臭的兩條魚，或者還不知道會不會上鉤的三條魚。

PART 5

接納現在的自己，滿足眼前的生活

你還在等什麼？

等待幸福的人，過得往往都不幸福。

你總是說：等到你如何如何以後，你就可以如何如何……你的幸福，總是一等再等。

小時候，父母會告訴你：「等你長大以後，你就可以……」而當你長大了一點，他們會說：「還不是現在，要等你考上大學，等你找到工作，等你事業有成，等到你的孩子都長大了，到那時候，你就可以……」然後，等你活到像你父母的年紀，你又開始告訴自己，告訴你的孩子說：「等到你如何如何以後，你就可以如何如何……」

等待、等待……人們似乎一生都在等待，有人等待金錢，有人等待文憑，有人在等成家立業，有人在等愛人回心轉意，有人等待死後的天堂……但是，卻很少人去想過自己為什麼要一再地等待。

一個認為「等到」他考上大學就可以快樂的學生，一旦上了大學，他很可能又在計畫，「等到」畢了業，找到工作或交到男女朋友之後，他才會快樂。然後呢！「等到」願望實現了，他又開始另一個等待……。那個未來的「甜頭」不斷地懸在眼前，但他卻從未好好的品嘗過。

德國大哲叔本華曾感慨地說，有一種人一心只為未來奮鬥，一切只寄望未來，總是焦躁等待所有事物快點到來。他們以為，一旦得到這些事物，就能令他們快樂，卻不知道自己這副蠢模樣，簡直和我們在義大利看到的笨驢沒兩樣。

義大利人把棍子放在驢子面前，棍子尾端懸著一束乾草，驢子就使勁加快步伐；殊不知乾草永遠只是懸在面前，看得見，卻吃不到；然而傻驢卻不斷努力想吃到。這種人一輩子活在幻覺中，始終「為未來而活」，至死不變。

回想一下，在你的一生中有多少次已遂你所願！如果說話算數的話你早該快樂了，不是嗎？你想拿到文憑，你拿到了；你想找份工作，你找到了；你想買車子，想買棟房子，也都實現了。你已一次又一次得到你想要的東西，但你為什麼還不快樂？

因為你又在等待下一個幸福了。你所等待的東西一直都在未來，而不在現在，對嗎？你現在當然是不快樂。

你有沒有聽過一個故事？有一個乞丐坐在一棵樹下，有一個富翁的車子拋錨了，司機正在修理，那個富翁走出車外，看到那個乞丐很舒服地躺在樹下睡覺，就走到他旁邊，問他：「你為什麼不工作？」

那個乞丐說：「工作，為了什麼？」

那個富翁覺得有點困惑，他說：「工作才會有錢，這你不知道嗎？」

那乞丐又問：「有錢，為了什麼？」

那個富翁覺得更困惑，他說：「為了什麼？為了到你年紀大的時候才可以好好休息，好好享受啊！」

「但是，」那個乞丐說：「我現在就在休息，為什麼要等到以後？為什麼要到年紀大之後才享受？你難道看不出來嗎？我現在正悠閒的享受！為什麼要等待？」

等待幸福的人，過得往往都不怎麼幸福。是啊！為了要等到方便的時候才享受，我們不知失去了多少可能的幸福。

幸福快樂不需要花幾年、幾個月、幾個禮拜、幾天去尋找或等待，它就在現在。

請問，你還在等什麼？

下輩子是來自上輩子

明天是從今天而來，你今生怎麼樣，來生就是那個樣子。

人們已經變得很習慣於明天，習慣於為未來而活，他們甚至不只思考這一世的明天，他們同時還在思考來世，期待來世的美好。

為何思考來世？對來世的欲望意味著你錯過了這一世，你今生並不快樂，於是你把快樂投射到來生。否則你何必想，因為你並不是「你所想的」，所以你才會去想，對嗎？

可是明天是源於你今天，如果你是痛苦的，你的明天將延續這個痛苦，你只會更加痛苦。然後，因為更加地痛苦，你又更把快樂投射到未來，你會對未來有更多的期待，你來世的天堂就是這麼被創造出來的。

來世就會更好嗎？來世會如何其實是看你的這一世，沒錯，關鍵是你的現在；我已經說過，明天是從今天而來，你今生怎麼樣，來生就是那個樣子，它只是一個延續，你生前的狀況將會決定你下一次出生。

這就好比，在睡覺前你看了一部DVD電影，你剛好看到一段非常悲慘的劇情，但你沒看完就去睡覺，那當明天你繼續看下去時，劇情必然也是悲慘的，不是嗎？

其實，我們每天睡覺都是一個小死亡，當你過完一天的時候，你是帶著怎麼樣的心情入睡，也就帶著怎樣的心情起床，如果你在睡前心情不安、焦躁、失眠，腦子都是垃圾，那你的明天又會有多好的開始？你將繼續扛著昨天的垃圾。

下輩子是來自上輩子，如果你的一生充滿怨懟、忿恨、野心、欲望，那你的下次轉世，也就會重複同樣的狀況，你將會有相同的經歷。正如托爾斯泰所說的：「當你想到死後的靈魂會如何時，也要想想當前的靈魂有過什麼樣的經歷。如果你打算去某地，其實你也是從某處來。」**如果一個人能夠好像在天堂般喜樂地過生活，死亡就不可能把他帶向地獄。**

所以我說，要緊的是現在，是你今天的所作所為。要緊的不在於降生的來世，因為來世的種子是今世播下的，今天播什麼種，明天就會結什麼果。你要關心的是你的心性，你的貪欲、憎恨、執著、暴躁是否修正了？如果你相信輪迴，相信下一世，那麼你需要思考的應該是這些。

我一直忙著想死

活得夠長，不一定活得夠好；但是活得夠好，也就夠長了。

臨終的人教我們很多課題，其中最讓人驚訝的是生命並不是在得知將死時便結束了，反而從那一刻才開始。

一位企業家談及他的生死觀。他說，他曾生過大病，住過加護病房，在生死一線間被拉回人間。從此思索著：「我還有什麼事還沒做，要及時做。」

一位病人被診斷出癌症時，已經是末期了，她剩下的日子不多。她說：「當我接受死亡的事實後，生命似乎才真正開始。以前日子都不知道是怎麼溜走的，現在我不會再輕易錯過。」

我還認識一個堅強的老師，當她知道自己罹患乳癌後，她說，她反而得到解脫。她終於可以毫無罪惡感地卸下學校和家裡的重擔。畢竟，一個正與乳癌奮戰的女人，除了照顧好自己外，沒有人會要求她做些什麼。

彷彿只有當我們體認到，我們在世上的時間是有限的，才懂得好好過每一天，好像過去的日子不存在似的。

其實，死亡並不是在最後才發生，它已經在發生，只是不知道什麼時候，用什麼方式找上我們。是該有人告訴我們：生命無常，要好好活在當下。

許多人一心想活得長壽，我不知道你怎麼想，但我認為，與其活得長，不如活得好。伯納德．詹森（Bernad Jensen）有句名言：「活得夠長，不一定活得夠好；但是活得夠好，也就夠長了。」

我們應該重視的是生命的「亮度」，而不是「長度」；我們應該在意的不是自己活多得夠久，而是自己是否活得夠好；如果活得不好，那多一天就多折磨一天，還不如早點結束，對嗎？

有位以其安慰垂死病人著稱的西方哲學家藍姆．達斯（Ram Dass），說了一個他所接觸的一位垂死婦人的故事。

這位婦人只剩下數週的生命，她將所有的時間都用來想並談論將死的恐懼。藍姆．達斯直截了當告訴她：「妳是不是可以不要花那麼多的時間在死上，而將這些時間用來活呢？」

剛聽到這話時，婦人有些不悅，但過了一會兒，她突然醒悟地對藍姆．達斯說：「你說得對，我一直忙著想死，竟忘了該怎麼活。」

一星期之後，那婦人死了，然而，在她要走之前，她非常感激地告訴藍姆．達斯：「過去一星期以來，我活得比前一陣子豐富太多了。」

轉移焦點，盡可能全然地去生活，那麼你將會忘了死亡，因為一個活在當下的人不知道死亡。**因為死亡是在未來，而生命總是在今天。**

其實，我們應該懼怕的不是死亡，未完全綻放的生命才是真正的悲劇。

下一個美好暑假

那些活在下一刻的人就是失去此刻的人，那些關心未來的人就是沒有今天的人。

暑假中，瑪莉的同學珍妮到瑪莉家玩，她倆很自然地就談論起即將過去的暑假生活。

瑪莉說：「這暑假太沒意思了，我天天盼望著開學，開學後又有美好希望了。」

「什麼美好希望？」珍妮問。

「希望下一個美好的暑假呀！」瑪莉回答。

你注意到了嗎？人們似乎永遠都在做一件事——那就是下一件事。如果你仔細觀察，你就會發現，每個人都在期待下一件事：下一個假期、下一棟房子、下一個職位、下一個目標、下一個目的地……

人們旅遊不是為了欣賞風景，而是為了到達某地；到達某地並沒有融入當地，而是急著到達下一個目的地。我們的心總是計算著有多少事還沒做，同時還記掛著必須完成的下一件事。

人們邊看電視還一邊跟朋友通電話，同時手上還忙著翻雜誌；手上做一件事，頭腦想的卻是另一件事，心裡感覺的又是另一件事。

人們休假不好好休假，然後又計畫著下次休假要怎麼好好休假。週末休假，就用來計畫下週、下一個月的假；元旦休假，又用來計畫過年的連假要怎麼休。

人們活著卻沒有認真地活，老想著下一代，想著下一輩子；人們愛卻沒有全然的去愛，總是想著下一個女人、下一個男人……

我聽過一則笑話，有兩個朋友在路上相遇，正好是他們剛剛結婚一個月後。高的男人說：「我的妻子令我很難過。」

矮的男人問：「是怎麼回事？」

高的男人說：「她總是談她前夫的事。」

矮的男人說：「你比我好多了，我的妻子總是談她未來丈夫的事。」

為什麼你要去想那個不存在的未來呢？錯失現在也就錯失未來，難道你不知道嗎？**那些活在下一刻的人就是失去此刻的人，那些關心未來的人就是沒有今天的人**。

過往，就像昨日西下的夕陽；未來，則是明天還未升起的太陽，你無法期望它們能曬乾你剛剛被淋溼的頭髮。

不要去擔心未來，別去顧慮下一件事、下一個旅程、下一個暑假，把當下活得歡喜一點，使每個當下都成為喜樂的片刻，然後當下一個片刻到來時，喜樂也會隨著到來；然後當下一個戀情、下一段旅程、下一次暑假來臨時，美好也會跟隨著來臨。

快樂就在當下，你真的不必再等下一次了。

假如當初

如果錯過了太陽時你流淚，那麼你也將錯過群星。

「假如當初……」當事情發生時，我們總習慣這麼說。我們常會嘆息過去某個時刻，為什麼不做另一個選擇。

假如當初我早點送他到醫院，也許他就不會……

早知道到醫院之後會變這樣，我當初就不該……

要知道結果會這樣，當初就不該聽你的話……

當時我若聽你的話……，就好了。

「假如當初」這種想法一開始就是個錯誤，因為凡事沒有絕對的對或錯。假如你選擇了一條路，就永遠無法確定如果選另一條路的結果會如何。假如當初你做的是另外一個決定，你認為那絕對就是對的嗎？不，沒有什麼是絕對的。

我常說這個故事，有一個官員到一家精神病院參觀，院裡的護理長逐一地向他解說每一位病患的狀況。有一位病人手中握著一張照片，一邊哭一邊用頭撞牆壁。

官員問：「這個人怎麼啦？他發生了什麼事？」

護理長說：「他曾經深愛過一個女人，就是他手裡一直握著的那張照片上的女人，不論醒著或睡時，都不肯將照片放下。但是那女人卻嫁給了別人，所以他才會發瘋。」

官員說：「真是令人感傷的故事。」

這時隔壁房間有一個人正用頭用力撞牆。官員問：「天啊！他又怎麼了？」

護理長說：「他就是娶了那個女人的人！他一直想自殺，所以就被送進了瘋人院。」

為什麼沒得到的人痛苦，得到的人卻更痛苦，為什麼呢？因為不論你選擇什麼，最後你還是會選擇痛苦，因為你總是在想著那個你沒得到或你沒選擇的。

不管你做什麼決定，那個沒有選擇的一定會在你腦海裡盤旋不去，你會想，也許另一個選擇才是對的，而當你真的換了選擇，情況就不同嗎？不，你還是一樣，現在換成你所換掉的選擇在困擾你，現在換成原先的做法才是對的，你總是無法安於現在。

「早知道……我就……」「要是那時……」「我當時若……就好了！」這類「假如當初」的話，你是不是很熟悉呢？

你想過嗎？當你說「早知道」的時候，就表示你之前並不知道，對嗎？既然是不知道，你能怎麼樣？你能對一件根本不知道的事怎麼樣？

沒有任何事情，能在遇到或知道之前就改變，不是嗎？所以，你說「假如當初」，是沒有意義的，**過去都已經過了，我們不應該往後看，除非你能從過去的錯誤中獲取有用的教訓**。過去無法改變，我們只能活在現在。

印度詩人泰戈爾說得對：「如果錯過了太陽時你流淚，那麼你也將錯過群星。」你首先浪費時間在做錯誤的事，而後又浪費時間去後悔那件事，結果錯過了現在該做的事……然後又後悔你錯過了這些事，這不是很蠢嗎？

我們應該停止悔恨的愚行，把精力集中在「現在我能做什麼」，而不是「當時我做了什麼」，若能如此，那麼你從失敗中學到的，將會比從成功中學到的更多。

現在可以改變過去

時間不會倒流，但是頭腦卻可以。

一般人都知道時光是一去不復返，不可能會倒流。就好像房屋倒塌、水潑出去、杯子跌碎等。從物質界來看，的確如此，覆水難收，破鏡難以重圓。

但從心智的角度來看卻未必。我們雖不能再有一個童年；不能再有一次初戀；不能再回到過去某個時間點；但是在心智上，我們可以隨時重溫那些過去的快樂、幸福、憂傷和痛苦，就像抽取錄影帶的片段那樣容易。

很多人之所以自怨自艾，就是因為他們認為過去是無法改變的。人們總是說：「都是因為過去發生……，才造成今天種種的不幸處境。」這種說法並不正確。例如：許多人在小時候被欺壓，長大以後，不見得每個人都受同樣的影響，有人可能變得很懦弱，也有些人，反而變得很堅強，很獨立。

有人受苦受虐，他覺得自己很悲慘，於是自暴自棄。如果他能換個角度重新詮釋這件事情，他就會有全然不同的心境。好比說，就是因為他經歷那樣的苦日子，所以讓他更努力上進，讓他更懂得知足感恩。

佛說：「一切唯心造！」只要轉化心念，就能讓一切逆轉。我認識一位太太經常抱怨先生不願溝通，每遇到衝突就躲避。後來當她得知——「原來，在先生八歲那年，他聽到父母吵了一架，第二天，他們就此分離。所以對他來說，衝突就意謂著關係的結束。」了解先生不幸的童年之後，從此她不再抱怨，而且變得更包容。

十年前所發生的那件事情，當時你可能抱持著負面的感受和想法，如果現在你已經智慧增長，對十年前所發生的事情，抱持正面的感受和想法，從心智的角度來看，你已經「改變了過去」。

若了悟到這點，你就會了解到你不是被一個你無法回溯的過去所控制。

永遠都要記住：你不是你的過去；你不是昨天的你；甚至也不

是片刻之前的你。**過去曾經傷害我們的人事物，現在並沒有傷害我們；現在對我們造成傷害的，是我們對這些事情的想法。**

我們的過去和未來，都會隨著當下的心境轉換。當下你是什麼樣的心境就會吸引同樣心境的過去，並把這種心境投射到未來。到目前為止，你人生所有的經歷就是這麼來的。

你的人生全都是由過去的想法造成。那些是昨天的、上星期的、上個月的、去年的、十年、二十……年前的想法。然而一切都過去了。最重要的是現在，此刻，你選擇什麼樣的想法。而這些想法才是決定你的現在，以及你的過去和未來。

我所要強調的是，轉變是剎那間的事。沒錯，時間是不會倒流，但是頭腦卻可以。只要轉個念，我們隨時都可以轉變。

女孩是我的第二志願

接受事物現在的樣子，而非你所希望的樣子。

你希望男友假日能陪你，結果他卻臨時有事；你們難得全家一起出遊，沒想到卻下起大雨；這次考試你抱著很大的期望，但成績卻很不理想；你附餐想喝冰咖啡，但服務生卻告訴你，現在只剩下果汁；你滿心期待這胎是個男孩，結果卻是個女孩……當遇到這類的事情時，你會怎麼樣？

你一定會覺得很失望、很挫折、很難過，對嗎？

挫折和失望大多是來自事情原本的樣子，以及我們期望它們應該是什麼樣子之間的落差，不是嗎？

想一想，如果你不要求一個特定的結果，你怎麼會失望？如果你沒有一個特定的期待，你怎麼會挫折？如果你不去抗拒任何既成的事實，你又怎會難過？

快樂就是接受那個「是的」，而不是去期待或強求那個「不是的」；更明白地說就是，**接受事物現在的樣子，而非你所希望的樣子**。

有位年輕的太太，剛生下她第一個孩子。

護士出去，把這個好消息告訴在產房外焦急等候的丈夫。

「你喜歡女孩還是男孩？」護士問。

「男孩……」新爸爸回答。

「喔！真可惜，這胎是個女孩。」

「沒關係，」做爸爸的笑著說：「女孩是我的第二志願。」

如果事情不是你喜歡的那個樣子，那就去喜歡事情的那個樣子。

明白這一點非常重要。人生的幸福不是從你想獲得什麼而來，因為世事總是無法盡如人意，真正的快樂是來自於「給什麼，就要什麼」。

引自艾爾伯特的話：「要得到你想要的一切很容易，如果你先學會不管你得到什麼。」

當你得到想要的東西，那很好；如果沒得到呢，那也沒關係；當結果是你希望的，去享受它，如果結果不是你期望的，也去喜歡它。這即是整個生活的藝術——不管發生什麼事，都能找出屬於自己的快樂方式。

一旦你願意接受事物現在的樣子，而非你希望的樣子，所有的問題也就消失不見。

無常才是真相

解脫不是去放棄世界的東西，而是能接受它們的離去。

人們只有在痛不欲生譬如失去最愛的人時，才能深刻體會生命無常，昨天還好好的人，他的談笑聲猶在耳際，但今天已是天人永隔，讓人悲嘆世事真是無常。

一般人很少去察覺萬事萬物原來都是變動不居的，從來不曾一刻靜止過。星球旋轉、四季遷移、春去秋來、潮起潮落，一切都不停的在變。情人會變心，事情會變卦，健康會變化，昨天還活著的人，今天可能就死了，這就是「諸行無常」的真相。

人會苦惱，都是因為不肯接受無常的事實，以為永久可以保住職位，享受榮華富貴，可以永遠與愛人長相廝守。廣告總是給人「定格」，一幅全家福，一段甜蜜的愛情，一個成功富有的畫面，讓人以為擁有的幸福能一直停在那裡，這真是一個大騙局。直到愛人離去，事業失敗了，災難發生了，騙局被戳破了，這才發現真相，這才痛不欲生。

當你痛苦難過的時候，你注意過嗎？你一定是跟「真相」在對抗，因為你不願接受那個事實，所以痛苦難過，對不對？

我們因執著不可能執著的東西，而經驗到一切的痛苦。**「真相」**

從不會令人挫折難過，人之所以挫折難過都是因為我們將自己的幻象強加在真相之上。

所以，災難是非常具有啟發性的，它會讓我們看到真相本來的樣子，如果你不了解這一點，你一定會抗拒，如果你了解這一點，你就可以清醒。當我們看清假象時，就會從中跳脫出來。

鈴木禪師說：「解脫不是去放棄世界的東西，而是能接受它們的離去。」每件事物都是無常的，它們遲早都會離去，而解脫是一種不執著的狀態，能接受這種分離。

失去至愛，失去心愛的東西，會傷心流淚，這是人之常情，但就是不要在心底認為至愛是不應該死，心愛的東西永遠不會消失，太過執著於某個人或某件事物，這樣就不可能解脫。

在清晨時分綻放的花朵到了傍晚時也許枯萎凋謝；隨著日出而來的幸福，也許隨著日落而去。所以，不要執著，不要期待，只要保持珍惜和感恩的心，把握當下！

滿足永遠都在未來

每個人都想摧毀痛苦，但每個人都在欲求，因此繼續在製造更多、更多的痛苦。

欲望是永遠都不可能被滿足的，因為它的本質就是不滿足。我們常以為，若能得到更多的錢、更大的權力、更高的名位、更大的成就……就會滿足。其實不滿總是存在心裡的，只是被我們用金錢、權力、名位……所遮蓋住。所以，當我們得到這些目標，我們還是不滿，因為永遠都還有一個更遠的目標在前面等待我們去達成，這就是欲望。

欲望讓你一直處在不滿足的狀況中，它始終在渴望更多更新的事物，使你一直懸念著未來，你渴望未來更大的滿足，因而對現在的一切不滿。

你的不滿並不是你無法達到那些目標，而是一旦你達成，它的光輝就消失不見，滿足只存在於達成時的那一刻，在達到的那一刻之後，你就對它再也沒有興趣。

你曾注意、觀看你的欲望嗎？你想得到一百萬，現在你得到了，然而你為什麼還不滿呢？因為現在你又開始創造出新的欲望，開始期待新的未來：一千萬。沒錯，得到一百萬之後，下個目標就是一千萬，這就是為什麼你一直不滿的原因。

你也許想買一棟房子，那棟漂亮房子你想了好幾年，你很努力工作好多年，現在房子是你的，但你依舊不滿足，因為在幾天或頂多幾年後，你又有了新的欲求……

你想擁有這個女人，現在你得到她了；你想得到這個男人，現在他是你的，而你們現在對彼此卻如此不滿，你們的美夢竟成了惡夢，為什麼？因為你的欲望，你希望他這樣、希望她那樣，希望他能滿足你的欲求，希望他變成你希望的樣子，你就是這樣，要求東要求西，不斷的要求……所以你們對彼此會這麼的不滿。

思維永遠在欲求。你的思想不曾片刻停止欲求，它整天都在追求，整夜都在追求；它在思慮中追求，在睡夢中追求。思維是個不斷欲求的過程……不管你今天有沒有買到那棟房子，或不管你今天有沒有和那個女人或那個男人結婚，你都會不滿，因為你總是想得到更多。

欲望意味著不滿，欲望意味著抱怨，欲望意味著事情不應該是這個樣子，欲望意味著你現在過得不好。總之，只要有欲望你就不可能滿足，這就是為什麼佛家不斷強調「無欲」，因為他們知道如果欲望還在，你就不可能脫離痛苦。

一個沒有內在了解的人不可能享受任何事，他就只是受苦，即使他在愛，也會因愛而受苦；他很有錢，也會因錢財而受苦。是欲望創造出痛苦，痛苦其實並不存在，它只是欲望的衍生物。**沒有人想要痛苦，每個人都想摧毀痛苦，但每個人都在欲求，因此繼續在**

製造更多、更多的痛苦。

你無法直接摧毀痛苦，你必須先找到它的根，你必須去看痛苦從何而來，不滿從何而來，這個水從哪裡冒出來，你必須深入土壤裡面，才能找到整個問題的源頭。

試著了解欲望是什麼，欲望是一種「不滿」的感覺，直到那份滿足被填補之前的未完成感。那個滿足永遠都在未來，它從來都不在此時此地，你現在對未來的期望就是欲望，當你有了欲望你就不可能活在當下，也不可能滿足。

欲求未來將使你錯失當下，而如果你不能夠活在當下，那你的不滿、你的痛苦將永無止息，那是沒有盡頭的。

結語
時間的祕密

時間雖然是由過去、現在、未來三個時態所排列組成，但生命只存在現在。因為我們以為時間是線性的，總認為過去在前而未來在後，所以會有這樣的誤解，其實一切事物都存在現在，根本沒有所謂的過去和未來。

你從窗戶看到一隻小鳥飛過，在你看到牠的前一刻，牠並不在你的視線範圍內，但是牠難道會因為你沒看見就不存在嗎？牠其實早就在那裡了，只是你還沒看到，所以對你來說，牠是在未來；然後當牠經過你的眼前，之後又消失不見，你認為牠真的就不見了嗎？牠仍舊還在，只是對你來說，牠現在已經成了過去。你所謂的過去和未來，其實都在現在，不是嗎？

再舉個例子，你坐在一棟房子往外看，你看到有個行人經過，你說現在你看到某個人。在那個人出現之前，他是未來，雖然他早已在那裡，但對你來說，他還未到來，所以他是未來，然後等他經過房子之後，他從你的視線消失，你會說，他過去了。你無法看到他時，他就成了過去。

然而，他真的是過去嗎？不，他一直都在現在，不相信你現在可以馬上爬到你家的屋頂往下看，你看到了沒？他還在那裡，他還是你現在的一部分，他還沒消失成為過去，你之所以認為他已成了過去，那是因為當時你的視野太低，如果你能爬上高樓眺望，你就能看到整體。就連他還沒來到你的房子之前（那個未來），你也可以看到，對嗎？

正因為過去、現在和未來是同時存在，所以有些先知、大師或有特異功能的人，他們可以看到你的過去，或者可以預測你的未來。就像一個坐在直昇機上的人，可以清楚地看到路上的一切，道理就在這裡。

一切曾經發生過，現在正要發生，或是將要發生的事，其實都在當下。

對宇宙來講是沒有時間的，因為宇宙無法從一個點移到另一個點，兩個點都在它裡面，它包含了全部——過去、現在和未來。過去和未來並不是時間，而是人事物的轉換，是在一個我們稱之為「空間」的靜止場（field）移動的現象，時間只是計算空間運動的一種方式，它並不存在。

你有沒有在晚上坐飛機的經驗？當飛機在跑道上滑行準備起飛時，你會看到跑道上的燈一盞接著一盞急速從你身邊掠過，看起來時間似乎是連續的，然而一旦飛機飛上空中以後，你往下看，跑道的燈根本就沒有動，只是它們排列存在的形態讓你誤以為好像時間在移動。

「線性時間」（linear time）似乎總是在向前移，但如果你能突破三度空間的觀點，你便能往下看，縱覽全貌，了解到時間根本就是不移動的。

動的是我們，而不是時間。我們就像一個沿著河岸行走的旅者，我們經過了許多橋，我們把已經走過的橋稱為「過去」，把前方我們還看不到的橋稱為「未來」。過去是那個已經不在你面前的，未來是那個尚未到你面前的；很快的，它也將成為過去……時間其實是不動的，而是我們一直在動，是我們一直在動而創造出了時間。

赫曼．赫塞在《流浪者之歌》（Siddhartha）的故事中，赫塞也多次說到時間並不存在的主題：

在故事的結尾悉達多問他的老友維蘇德瓦（Vasudeva）：「你是不是也從河流了解時間並不存在的祕密？」

維蘇德瓦臉上洋溢著笑容說：「是的，正如你說的，河流是同時存在每一處的，在源頭和河口、在瀑布、在碼頭、在漩渦中、在大海裡，也在高山上，一條河可以同時存在各個不同的地方。對河流來說，只有現在，沒有過去的影子，也沒有未來的影子。」

「你說得沒錯！」悉達多說：「當我領悟這層道理時，我回顧我的一生，它真的就像一條河。孩提時期的悉達多，長大成人的悉達多，和現在的老悉達多，相隔的只是影子罷了，並沒有什麼真實的區別。就算悉達多的前世也不是過去的事，而悉達多的死亡也不是未來的事。每一件事本來就存在，每一件事都存在當下。」

悉達多開懷地說著，而維蘇德瓦只是陪在一旁點著頭，對他報以春風般的笑容。

了悟時間祕密的同時，你也了悟生命的本質。是的，生命的形式不斷在改變，昨天你是這樣，明天也可能變成那樣。你以前是個小孩，現在那個小孩呢？那小孩不見了嗎？你能夠說那個小孩已經消失嗎？如果那小孩沒有消失，那他又在那裡呢？形式改變了，以往的那個小孩，本質上還是存在的，只是他現在變成了少年或少女。

當你長得更大，你將攜帶著更多的過去，你身上將攜帶著以前已經經驗過的每一個階段。在孩提階段，在少年階段，在成年階段……不論你過去曾經是什麼，曾經做些什麼，它們都屬於現在的一部分，你整個過去都在你的裡面。你的少年在你的內在，你的童年在你的內在，所有你過去做的事情都在你的內在。

所以，你可以發現許多人在發怒或喝醉，會突然變得像小孩一樣，平時講理、有禮貌的那個人，怎麼一下變成一個行為退化，無理取鬧的小孩，因為童年時期的那個小孩現在還活在裡面，只是被壓抑或隱藏住罷了。

回想起以前你人生經歷的總總，那些已成過眼雲煙的往事，它們真的都已經過去了嗎？你曾經經驗過的青春與風華、美麗與哀愁或許遠離，但它們已經蛻變了你，在你的內在燃起了火花，成為你的光亮，成為你生命的一部分。

有一天，你將變老，當你變老時，你的青春又去了哪裡呢？不見了嗎？有許多老人仍然洋溢著青春，他們甚至回到孩子般的天真，是的，它一直都跟著你在流動，就像一條源源不絕的河流。

在源頭部分的河，經過高山低谷那部分的河，在鄉村城市的河，以及流入大海那個部分的河，它們都是同一條河。它們是同時存在的，起點與終點並不是兩樣分開的東西，它們是同一個流，它們並不是過去和未來，它們是永恆的現在。

從河的一端到另一端的空間必須以時間來涵蓋，渡河需要時間，也許十分鐘，也許需要十天，也許需要十年，所以時間也就成了「到達」的界定，你必須到達某地、到達某個理想，因而創造出了時間。

整個時間的過程只是一個延伸很長的現在，整個空間只是擴展開來的這裡。你離別的朋友，過世的親人現在仍跟你在一起，他們一直都在這裡——在同一條河流裡。只是不同階段，不同形式，流向不同地方。

所有的來生及前生，都同時存在此生。反過來說，你的前生也會影響來生，重點就看你的今生。許多人常宿命地說：「因為上輩子做了壞事，所以這輩子遭到懲罰。」這種說法並不正確，因為過去、現在和未來都同時存在，因果就不是單向而是雙向的。說得更清楚一點，過去和未來都是你現在所作所為的結果。現在，我們不只可以改變過去和未來，甚至可以改變整個因果循環。

所謂的「業力」只是讓你反觀自己的一面鏡子，讓你能反觀自己的過去，並透過了解過去而改變現在，進而改變你的未來。如果你相信因果業報，你要關心的不是以前你做了什麼，或以後你會遇到什麼，你要關心的是現在，現在該做什麼，這個當下才是最重要的。

就現在，只要你改變自己，你也立刻改變了你的過去和未來。這跟時間無關，這只跟你的意願有關。我們的命運是自己創造的，我們並不受因果業障的擺佈；相反的因果業障也是由我們自己創造出來的。我們並不是受害者，而是創造者。

很多人的命運之所以悲慘，就是因為他不相信過去是可以改變的，他人雖活在現在，卻負擔著過去的事情；也就是說，他把過去的環境帶到現在，並由於這個錯誤，繼續創造一個悲慘的未來。

我們的過去和未來，都會隨著當下的心境轉換。當下你是什麼樣的心境就會吸引同樣心境的過去，並把這種心境投射到未來。到目前為止，你人生所有的經歷就是這麼來的。

現在包含了整體，現在包含了所有過去與未來。這就是為什麼我一再提到：不要想過去，也不要想未來，只要活在當下。

過去並不決定我們的現在，未來也並非注定——只有現在才能決定我們的現在，以及我們的過去和我們的未來。

高寶書版集團
gobooks.com.tw

HL 066

當下，把心放下（全新增訂版）

作　　者　何權峰
主　　編　吳珮旻
編　　輯　賴芯葳
美術編輯　邱筱婷
排　　版　趙小芳
企　　劃　荊晟庭

發 行 人　朱凱蕾
出　　版　英屬維京群島商高寶國際有限公司台灣分公司
　　　　　Global Group Holdings, Ltd.
地　　址　台北市內湖區洲子街 88 號 3 樓
網　　址　gobooks.com.tw
電　　話　(02) 27992788
電　　郵　readers@gobooks.com.tw（讀者服務部）
　　　　　pr@gobooks.com.tw（公關諮詢部）
傳　　真　出版部 (02) 27990909　行銷部 (02) 27993088
郵政劃撥　19394552
戶　　名　英屬維京群島商高寶國際有限公司台灣分公司
發　　行　希代多媒體書版股份有限公司 /Printed in Taiwan
初版日期：2017 年 5 月

國家圖書館出版品預行編目 (CIP) 資料

當下，把心放下 / 何權峰著 -- 初版 . -- 臺北市 :
高寶國際出版 : 希代多媒體發行 , 2017.05
　面；　公分 . -- (生活勵志 ; HL066)

ISBN 978-986-361-397-8(平裝)

1. 修身　2. 生活指導

177.2　　　　　　　　　106004658

GOBOOKS
& SITAK
GROUP©